DE

L'INDIGNITÉ

EN DROIT ROMAIN

ET

DROIT FRANÇAIS

THÈSE POUR LE DOCTORAT

PAR

PAUL TRENCART

AVOCAT A LA COUR IMPÉRIALE DE PARIS

Né à Vervins (Aisne) le 5 octobre 1842

L'acte public sur les matières ci-après sera soutenu
le Jeudi 3 janvier 1867, à 2 heures

EN PRÉSENCE DE M. L'INSPECTEUR GÉNÉRAL GIRAUD

Président : M. COLMET DE SANTERRE

SUFFRAGANTS :
MM. DUVERGER
CHAMBELLAN
LABBÉ
BEUDANT

PROFESSEURS

AGRÉGÉ

PARIS

RETAUX FRÈRES, LIBRAIRES-ÉDITEURS

Rue Cujas, 15

1866

A MON PÈRE

—

A MA MÈRE

DROIT ROMAIN

PREMIÈRE PARTIE

CHAPITRE I

DE L'EREPTITIUM

C'est dans la loi Papia Poppœa qu'il faut aller chercher l'origine de l'indignité en droit Romain « Lege nobis adquiritur velut caducum, vel *ereptitium* ex lege Papia Poppœa, item legatum ex lege duodecim tabularum, sive mancipi res sint, sive nec mancipi. » (Ulp. Reg. Tit. 19 § 17). Ulpien, dans ce texte, nous apprend que la loi Papia Poppœa s'occupait à la fois des biens qu'on a appelés *caduca*, qui étaient enlevés à certaines personnes, à qui cependant le droit civil primitif les attribuait, pour être déférés suivant un certain ordre qu'elle fixait, et d'autres biens nommés

Ereptoria ou *Ereptitia*, qui étaient enlevés aux indignes.

Les lois Julia et Papia Poppœa ont reçu le nom de lois caducaires ; elles furent rendues sous Auguste, et inaugurèrent un système de succession tout nouveau. L'Italie était à cette époque dépeuplée par les longues guerres intestines qui l'avaient soumise aux Romains, de plus, la dépravation des mœurs en rendant les mariages plus rares avait fait sentir la nécessité d'un système de loi, qui en favorisant les unions légitimes aurait pour but de repeupler l'État. Enfin le trésor public, l'*ærarium* était vide, il fallait le remplir pour faire face aux dépenses énormes nécessitées par ces expéditions nombreuses et lointaines, qui devaient faire du peuple Romain le maître du monde.

Frapper d'une incapacité absolue ou partielle de recevoir par testament, soit à titre d'héritier, soit à titre de légataire, les *cœlibres* ou les *orbi*, attribuer au contraire aux héritiers ou aux légataires *patres* les biens qui n'avaient pu être recueillis ; tels furent les moyens employés pour assurer l'augmentation de la population. Créer d'autres cas dans lesquels même un *pater* ne pourrait succéder, et attribuer à l'*ærarium* tous ces biens ainsi enlevés aux ayant droit, quand il n'y avait pas d'héritier ou de légataire père de famille, tels furent les moyens qu'on employa pour remplir les coffres de l'État. De là les *caduca*, et les *ereptitia*.

Les *Caduca* étaient les biens que les nouvelles lois enlevaient aux héritiers ou aux légataires désignés dans le testament, mais qui étaient *cœlibes* ou *orbi*, les *Ereptitia* étaient les biens enlevés aux héritiers ou légataires même *patres* indignes, c'est-à-dire qui se trouvaient dans l'un des cas que nous examinerons bientôt.

Les interprètes, cependant, n'ont pas toujours donné ce sens au mot *ereptorium*. Cujas dit à ce sujet : « Nescio quid sit ereptitium, nisi id forsitan sit, quod alias in causa caduci esse dicitur ; neque enim id cadit a nobis (quando quidem vivo testatore deficit), sed heredi eripitur. Caduca cadunt a nobis. » Cependant, dans son commentaire sur le titre ix du liv. xxxiv, il dit : « Ereptitium est, quod est in causa caduci, vel quod aufertur quasi indignis : dicitur enim illud eripi. » Il reconnaît donc ici qu'on appelait *ereptitia* les biens enlevés aux indignes, il fait encore seulement une erreur à propos des biens qui sont *in causa caduci*, c'est-à-dire, qui sont l'objet de dispositions que le droit civil lui-même n'aurait pas maintenues ; d'ailleurs ce n'est pas la seule, comme nous allons le voir.

Cujas continue son commentaire, en se demandant quelle différence il y a entre les *caduca* et les *ereptitia*. Les deux sortes de biens, dit-il, peuvent-être revendiqués par le fisc. Cela n'est pas exact, comme le prouvent les parag. 206 et 207 du commentaire ii de Gaïus. Il traite des *caduca*, et voici comment il s'exprime : « Post legem vero Papiam portio caduca fit, et ad eos pertinet qui in testamento liberos habent. » Les *caduca* ne sont donc pas déférés directement au fisc. Ce sont les héritiers inscrits et pères de famille qui y auront d'abord droit, puis ensuite les légataires pères de famille, enfin et en dernière ligne le fisc. Tel était à l'origine l'ordre de la dévolution des *caduca*, ce ne fut qu'en vertu d'une constitution d'Antonin Caracalla que le fisc fut mis en avant, et que ses droits primèrent ceux des héritiers et des légataires.

En était-il de même de l'*ereptitium* ? Nous n'avons aucun texte qui le prouve. Voyons cependant s'il n'existe pas de graves raisons d'en assimiler la dévolution à celle du *caducum*. Disons tout d'abord qu'Ulpien, dans ses fragments t. 10, § 17, les met sur la même ligne, et que par conséquent il y a de graves présomptions pour que les règles qui s'appliquent à l'un s'appliquent à l'autre. Mais cette présomption ne devient-elle pas une certitude, quand il ressort de ce même texte qu'ils ont une communauté d'origine, et qu'enfin on sait que c'est dans un but identique que le législateur a créé ces déchéances ? De plus l'attribution des *caduca* a lieu *cum onere*, or, de nombreux textes nous montrent qu'il en est de même de l'attribution des *ereptitia*. Le fisc doit acquitter les legs et les fidéicommis.

Enfin Ulpien ne dit-il pas *lege nobis adquiritur... ?* N'est-ce pas la preuve que l'attribution des *ereptitia*

comme celle des *caduca* avait lieu au profit des particuliers ? et alors bien certainement l'ordre dans la dévolution devait être le même pour les uns comme pour
les autres. C'est-à-dire: 1° les légataires conjoints par
une seule et même disposition à condition qu'ils auront des enfants; 2° s'ils n'en ont pas ou s'il n'y a pas
de légataire conjoint les héritiers *patres*; 3° les légataires *patres*; 4° enfin le fisc.

Mais à quelle époque le fisc prit-il le premier
rang dans l'attribution de *l'ereptitium* ? Est-ce en
vertu de la constitution d'Antonin Caracalla qui le lui
donna dans la dévolution des *caduca* ? Ulpien dit:
« Hodie ex constitutione imperatoris Antonini omnia
caduca fisco vindicantur. » Ne pouvait-on pas comprendre *l'ereptitium* sous cette dénomination si générale, *omnia caduca* ? Et cela d'autant plus facilement
que dans quelques textes ce mot *caducum* est mis évidemment pour *ereptitium*. Par exemple: L. 9, *de senatus consult. Silaniano*, L. 2, § 2. *Si quis aliq. testari prohibuerit, D. L. 3 princip. de his quæ in test. delent. D.*

Cependant on pourrait croire que le fisc commença
plus tôt à primer les héritiers et les légataires, à propos de *l'ereptitium*. En effet l'avidité du fisc peut seule
expliquer le nombre considérable de cas dans lesquels
l'indignité est encourue en droit romain.

Telles sont les conjectures que l'on peut faire sur
la théorie de *l'ereptitium*. Deux points cependant sont
dès maintenant fixés. *L'ereptitium* comprend les
biens enlevés aux héritiers ou légataires indignes de

succéder. L'origine de cette déchéance remonte aux lois caducaires.

CHAPITRE II

DES CAUSES D'INDIGNITÉ

Occupons-nous maintenant de la théorie de l'indignité telle que nous la trouvons dans les textes du Digeste et du Code.

« Indignus is est qui cepit quidem sed retinere nequit. » Telle est la définition que donne Cujas de l'indigne. Le fondement de cette déchéance, c'est une présomption d'exhérédation, tirée de ce fait que l'indigne s'est rendu coupable de quelque offense contre la personne du défunt on contre sa mémoire.

Les causes d'indignité sont très nombreuses en droit romain, comme nous l'avons dit. Aussi est-il bon d'adopter une classification pour les étudier. Pothier les divise en trois classes : 1° indignité résultant d'infractions aux lois ; 2° indignité résultant de crimes ou délits commis contre le défunt; 3° indignité résultant de la volonté présumée du défunt. Nous adopterons une classification à peu près semblable, et nous ferons découler les causes d'indignité de trois sources : 1° Du fait de la personne déclarée indigne;

2° de sa négligence; 3° de la volonté présumée du testateur.

SECTION I

CAUSES D'INDIGNITÉ RÉSULTANT DU FAIT DE LA PERSONNE DÉCLARÉE INDIGNE

§ I. *Meurtre du défunt*

Le meurtre du défunt est une cause d'indignité. Cela se comprend facilement. Il ne doit pas être permis au meurtrier de s'enrichir des dépouilles de sa victime, ni d'avancer par un crime le moment où il en recueillera les biens. Aussi pas de distinctions entre les héritiers ab intestat ou testamentaires, entre les héritiers et les légataires. La loi 7, § 4, *de bonis damnator.* en contient la preuve; car elle présente les deux cas de succession ab intestat, et de succession testamentaire, et dans l'une comme dans l'autre, elle applique au meurtrier les décisions d'Antonin le pieux qui le déclarent indigne, et le priyent de ses droits sur les biens du défunt.

Disons de suite qu'il faut étendre aux actions nées de la dot ce que nous venons de dire à propos des successions. Nous avons un texte formel de Pomponius qui ne laisse aucun doute à cet égard. C'est la loi 10, § 1, *de soluto matrimonio.* D: Un mari a tué sa femme, Proculus était d'avis que le meurtrier ne devait pas con—

server la dot, et que les actions en reprise de cette dot devaient être données aux héritiers de la femme ! Pomponius approuve cette décision : « Non enim œquum est virum ob facinus suum dotem lucrifacere. »

Il y a donc indemnité, et sur ce point pas de difficultés, quand il y a homicide commis avec intention de donner la mort, et quand aucune circonstance n'est venue modifier le degré de culpabilité du meurtrier ; mais au contraire que décider si le crime est excusable, s'il n'a été que la conséquence d'une négligence ; s'il n'y a eu que tentatitive ou complicité ? Nous allons étudier ces différentes questions, et nous efforcer d'en trouver la solution.

Il faut ici reconnaître que les Romains s'étaient beaucoup plus préoccupés du résultat matériel de l'acte que de son degré de criminalité. Ainsi se trouve-t-on en présence d'un meurtre excusable ? Comme il y a eu mort de la victime, l'indignité est encourue. « Indignum esse divus Pius illum decrevit, qui manifestissimo comprobatus est id peregisse, ut negligentiam et culpam suam mulier, a qua heres institutus erat, moreretur. » (L. 3, *De his quœ ut indig.* D.) Cette décision peut paraître trop sévère; car elle s'applique aussi bien au cas d'homicide par imprudence, qu'au cas de meurtre excusable. Un mari surprend sa femme en flagrant délit d'adultère, il la tue, il ne peut réclamer sa succession, ou du moins il en sera exclu comme indigne. La loi pénale cependant avait égard aux circonstances qui avaient entouré le meurtre.

Antonin le pieux dans un rescrit adressé à Apollonius, reconnaît qu'on doit faire grâce du dernier supplice au mari convaincu d'avoir tué sa femme surprise en flagrant délit d'adultère, « cum sit difficillimum justum dolorem temperare. » Cependant il a mérité une peine, et s'il est de basse extraction il sera condamné *in opus perpetuum* ; s'il est d'une origne plus élevée il sera relégué dans une ile (L. 38, § 8 *ad legem Juliam de Adult.* D.) Peut-être en prononçant l'indignité dans le cas où le meurtre est excusable, les jurisconsultes ont-ils voulu empêcher ce résultat fâcheux d'une législation plus douce ; c'est que l'héritier avide de succéder au plus tôt à celui qui l'a institué, pourrait s'efforcer de faire naître telle circonstance à l'abri de laquelle il pourrait, au prix d'une condamnation pénale relativement peu sévère, avancer le moment où il doit recueillir la succession qu'il convoite.

Conformément au principe que nous avons énoncé plus haut, la tentative de meurtre n'est pas punie de l'indignité. Il n'y a pas eu mort de la victime, le coupable a mérité les chatiments les plus sévères, cependant il ne sera pas indigne de succéder à sa victime.

Le complice sous le rapport de l'indignité était assimilé à l'auteur principal. Le non révélateur d'un complot tramé contre la vie d'une personne était indigne de lui succéder ; au point de vue pénal, il était d'ailleurs frappé du même chatiment que l'auteur du crime lui-même. C'est ce que nous apprend la loi

6, *de lege Pomp. de Parricidiis*: «Utrum qui occiderunt parentes, an etiam conscii, pœna parricidii adficiantur, quæri potest ? Et ait Mœcianus, etiam conscios eadem pœna adficiendos, non solum parricidas : proinde conscii etiam extranei eadem pœna adficiendi sunt. » Cette décision, d'une sévérité trop grande, tient probablement à l'horreur que doit inspirer le parricide, et au peu de pitié qu'on peut ressentir pour celui qui ayant eu connaissance de projets si odieux, ne les a pas dénoncés. D'ailleurs, une chose digne de remarque, c'est que dans ce cas ce n'est pas seulement le non révélateur fils ou parent de la victime, qui est puni de la peine des parricides, c'est aussi le non révélateur étranger.

On s'est demandé si l'indignité devait être prononcée contre le meurtrier, même dans le cas où la victime avait eu avant sa mort le temps de révoquer les dispositions qui le concernaient. La raison de douter naît de l'assimilation que font certains auteurs de la révocation des donations pour cause d'ingratitude, l'indignité en matière de successions. Suivant la L. 10, *de revocandis donat.* Code, le donataire, malgré son ingratitude, n'en conserve pas moins la donation, si le donateur n'en demande pas la révocation. On a tiré de là un argument d'analogie : l'héritier coupable, a-t-on dit, n'en conserve pas moins ses droits à la succession de sa victime, si celle-ci, pouvant le priver de cet avantage, a montré par son silence qu'elle entendait qu'il n'en fût pas moins son héritier. Ce n'est pas là la solution qu'il faut donner. Il y a une grande différence entre la révocation des donations pour cause d'ingratitude, et l'indignité. La première est le résultat d'une demande émanée du donateur, elle sera l'effet de sa volonté. La seconde au contraire a lieu en vertu de la loi. C'est une déchéance à laquelle la volonté du défunt est complètement étrangère. C'est en vain que, pardonnant à son meurtrier, la victime déclarerait expressément avant de mourir que rien ne doit être changé à l'ordre qu'il a établi par son testament. Une fois morte, sa succession est par la loi enlevée à son héritier pour être attribuée au fisc. Comment alors son silence serait-il assez efficace pour empêcher la déclaration d'indignité ?

§ 2. *Contestation de l'état du défunt.*

C'est un texte d'Ulpien la L. 9, § 2, *de his quæ ut indig.* D. qui nous apprend que la contestation de l'état du défunt était une cause d'indignité. « Si autem status ejus controversiam movit, denegatur ejus, quod testamento accepit persecutio : ex qua specie statim fisco defertur. »

Mais une grande controverse s'élève à propos de cette loi 9, et la conciliation de ses trois alinéas donne lieu à plusieurs opinions. Nous examinerons celles de Cujas, de Barthole et de Ruoker qui sont celles qui donnent des textes l'explication la plus plausible.

Voici d'abord quel est le fondement de la contestation. Dans la loi 9, *principio*, Ulpien pose ce principe
que si des inimitiés capitales se sont élevées entre le
testateur et le légataire, il y a révocation tacite du legs,
et que les biens qui en faisaient partie restent dans la
masse. Le § 1 n'est qu'un corollaire du *principium* :
« Il faut décider de même, au cas où le légataire pa-
« lam et aperto testatori maledixeritet infaustas voces
« adversus cum jactaverit » Enfin dans le § 3 Ulpien
semble continuer l'énumération de cas dentiques, et
cependant sa décision n'est plus la même; les biens
repris au légataire ne tombent plus dans la masse qui
forme l'hérédité, le fisc s'en empare. En résumé, y a-
t-il eu inimitié capitale ou injures graves? il y a révocation tacite du legs. Y a-t-il eu contestation de l'état du
défunt ? c'est alors un cas d'indignité. Pourquoi cette
différence, puisque dans un cas comme dans l'autre
l'injure semble le fondement de la déchéance.

Cujas a vu dans le cas prévu par le § 2, une injure
d'autant plus grave qu'elle attaque à la fois le testateur
dans son état, c'est-à-dire dans ce que le citoyen a de
plus précieux, et aussi le testament. De là, dit-il,
la nécessité d'une peine plus forte, celle de l'indignité. — Ce système a trouvé des partisans. En effet,
a-t-on dit, il y a dans le cas d'indignité qui nous
occupe, deux éléments bien distincts. D'abord l'injure
faite au testateur, injure telle qu'il n'en est pas de plus
grande puisqu'elle ne tend à rien moins qu'à priver
le testateur de la liberté, de la cité et de la famille,

cette trinité de droits qui forme l'état du citoyen. En second lieu, l'attaque dirigée implicitement contre le testament ; car dire que le testateur n'est pas libre, par exemple, n'est-ce pas prétendre qu'il n'a pas le droit de faire un testament. Et maintenant, dit-on, pourquoi s'étonner que l'indignité soit ici prononcée; l'injure contre le testateur justifiait déjà la sévérité de la peine, mais l'attaque dirigée contre le testament est une des causes d'indignité le plus souvent mentionnées dans les textes.

Nous n'admettrons pas cette décision. En quoi, en effet, l'indignité encourue par le légataire est-elle une peine plus sévère que la déchéance dont il serait frappé s'il était coupable d'injures graves envers le testateur. Dans l'un comme dans l'autre cas il est privé du legs, et peu lui importe que les biens qui le composent soient déférés à l'héritier ou au fisc.

Barthole, dans le cas d'inimitié capitale ou d'injure grave, voit aussi une cause de révocation tacite, et comme selon lui, cette cause ne saurait s'appliquer au cas de contestation d'état, et que malgré cela il faut une peine contre le légataire, cette peine sera l'indignité. Voici comment il arrive à ce résultat. Une contestation d'état est intentée contre le testateur, celui-ci pendant toute la durée du procès ne peut savoir s'il est libre ou esclave: son état est en suspens. Il suit de là qu'il ne peut rien changer à son testament, ni même par conséquent le révoquer tacitement: « Qui incertus de statu suo est certam legem testamento dicere non potest (*L. 4, Qui test. fac. pos.*) Que si le procès est terminé, avec lui a disparu la cause de révocation tacite, et l'on ne saurait plus dès lors la présumer. Mais le légataire ne doit pas profiter du legs, et le fisc le lui enlève: Voilà pourquoi Ulpien prononce l'indignité en ce cas.

Le fondement de ce système, c'est que la cause de révocation tacite disparaît avec le procès. Cela est difficile à admettre. En effet, par le fait même de la contestation il y a eu injure grave contre le testateur, et l'issue du procès loin d'en amoindrir la portée ne fait au contraire qu'en montrer toute la gravité, puisqu'elle prouve que la contestation soulevée par le légataire était sans fondement. D'ailleurs, le testateur ne saurait avoir ainsi oublié l'injure à lui faite, de sorte que la présomption de révocation tacite serait ici bien plus plausible.

Suivant le troisième système, il faut pour expliquer le § 2 de la loi 9, faire une distinction. La contestation d'état a-t-elle été intentée du vivant du testateur, ou après sa mort ? Dans le premier cas, on décide qu'il y a injure grave, et on applique les règles posées par le *principium* et le § 1, car les raisons de décider sont les mêmes: Le testateur avant de mourir a pu avoir l'intention de révoquer le legs, et cette intention est présumée. Dans le second cas, on ne peut plus pour enlever le bénéfice de la disposition au légataire se servir de cette présomption, puisque l'injure qui justifie la révocation tacite est postérieure à sa mort.

C'est alors l'espèce prévue dans notre § 2, celle où l'indignité est prononcée.

Ce système est celui qui, à notre avis, donne la meilleure explication de notre L. 9 — Trois cas de révocation tacite, et un cas d'indignité sont prévus par cette loi. Les trois cas de révocation tacite sont les inimitiés capitales, qui ont existé entre le légataire et le testateur, et les injures graves dont le légataire s'est rendu coupable à l'égard du testateur. Enfin la contestation d'état intentée du vivant du testateur par le légataire. Dans ces trois cas il y a révocation tacite, c'est-à-dire que l'héritier pourra repousser par une exception de dol le légataire qui demandera l'exécution du legs.

Le cas d'indignité prévu par notre loi, c'est celui où le légataire aura après la mort du testateur intenté une contestation d'état. Nous savons qu'il pouvait le faire dans les cinq années qui suivent le décès.

Nous avons jusqu'à présent raisonné dans l'hypothèse d'un légataire, s'il s'agit d'un héritier il faudra modifier nos décisions. En effet, si un legs est susceptible de révocation tacite, il n'en est pas de même d'une institution d'héritier, qui ne tombe qu'au cas d'institution contraire ou de destruction du testament. Il suit de là que dans les trois cas prévus par le *principium* et le § 1, on ne pourra pas dire que l'institution d'héritier est révoquée. Mais l'indignité, atteignant aussi bien l'héritier que le légataire, nous appliquerons aussi bien au premier qu'au second le

§ 2 de notre loi, et ce sera là le troisième cas d'indignité.

§ 3. *Dénonciation par l'affranchi du commerce illicite fait par son patron.*

C'est dans la L. 1, *de his quæ ut indignis* que nous trouvons ce nouveau cas d'indignité. Cette loi contient le texte de l'édit des empereurs Sévère et Antonin qui la prononce: « Quasi indignum carere legato seu fideicommisso libertum, quæ ei testamento patroni relicta erant, cum patronum suum post mortem ejus, quasi illicitæ mercis negotiatorem detulerat, quamvis et præmium meruit.» Ce texte ne demande que de très courtes explications. « *Quasi illicitæ mercis negotiatorem.* » A Rome il y avait de nombreuses prohibitions relatives, soit à la vente, soit à l'exportation de certaines marchandises. Nous avons au Code deux titres (Tit. 40 et 41, Lib. 4), qui en font l'énumération. Sans les étudier en détail, disons seulement qu'il était, par exemple, défendu d'exporter chez les barbares la soie, le fer, les armes, le blé, etc. En cas d'infraction, les marchandises confisquées et les autres biens du coupable étaient saisis, lui-même encourait la peine de mort. « Bona ejus universa protinus fisco addici, ipsum quoque capitalem pœnam subire decernimus (L 2, *quæ res exportari non debeant.* Code).»

« *Quamvis et præmium meruit* » Pour assurer la répression, des primes avaient été promises aux délateurs ; de sorte que dans l'espèce qui nous occupe, l'affranchi qui avait dénoncé son patron comme *nego tiator illicitæ mercis*, avait mérité une récompense. Mais le législateur considérant que cet affranchi avait par là manqué aux devoirs de reconnaissance et de piété dont il était tenu envers son patron, le déclarait indigne tout en lui conservant le bénéfice de sa délation. Etrange législation qui à raison du même acte récompensait et punissait ! La loi Romaine, toujours formaliste et logique, avait vu là un acte à double face, d'un côté le service rendu à l'État, de l'autre le crime d'ingratitude envers le patron. De là pour ainsi dire deux actes séparés qui sortaient chacun leur entier effet.

« *Post mortem ejus...* » Il faut supposer que la dénonciation a été faite après la mort du patron. En effet si elle avait été faite de son vivant, ses biens auraient été aussitôt confisqués, et il aurait subi la peine capitale sans laisser ni héritiers ni légataires. Il ne pouvait par conséquent pas être question d'indignité.

Reste sur ce point une explication à donner sur deux textes L. 5, § 20, *de his quæ ut indig.* et L. 13, 69, *de jure fisci.* Il y est parlé d'une certaine récompense pour délation qui n'est point accordée aux indignes. Il suffira de dire que cette récompense n'a rien de commun avec celle qu'on avait instituée pour les affranchis qui dénonçaient leur patron *negotiatores illicitæ mercis*. Elle encourage bien aussi la délation, mais une délation d'un autre genre. En effet un édit de Trajan l'avait établie en faveur des incapables d'acquérir *ex testamento*, qui découvraient eux-mêmes au fisc leur incapacité. Une portion des libéralités à eux faites par le défunt leur était attribuée. Cet édit ne s'appliquait pas aux indignes, qui ne doivent jamais profiter des dispositions testamentaires faites en leur faveur.

§ 4. — *Pacte sur la succession d'un parent vivant.*

Tout pacte conclu sur la succession d'un paren encore vivant est à la fois immoral et dangereux pour l'ordre public. Il est odieux de spéculer sur la mort d'un parent, et de plus, cela implique de la part des contractants le *votum mortis*, c'est-à-dire un certain désir de voir se réaliser le plus tôt possible la convention pour en recueillir le bénéfice. De là un danger pour la vie de celui dont la succession a été ainsi l'objet d'un pacte. Justinien dit à ce sujet, L. 30, au Code, *de pactis* « Odiosæ omnes hujus modi pactiones esse videntur et plenæ tristissimi et periculosi eventus. »

La législation Romaine s'est occupée de ces sortes de conventions. Elle a posé comme règle générale que les pactes ayant pour objet la succession d'un parent encore vivant seraient frappés de nullité. Cependant elle introduisit une dérogation à cette règle pour le cas où le *de cujus* avait de son vivant approuvé la convention, et était mort sans manifester un changement d'intention. Disons, en passant, que notre Code à l'exemple du droit Romain prononce la nullité des pactes sur successions futures, mais qu'il n'admet pas la dérogation dont il vient d'être question. Mais la loi Romaine d'un autre côté va plus loin que le législateur Français ; non-seulement elle annule le pacte, de plus elle déclare indigne l'héritier qui l'a conclu. « Quoniam adversus bonos mores et jus gentium festinasset, actiones hereditarias in totum denegandas. » (L. 29, § 2, *de Donat. D.*)

Enfin il peut arriver que le but que s'est proposé l'héritier, lorsqu'il a conclu le pacte, soit manifestement favorable au *de cujus.* Dans ce cas, comme la convention n'est pas immorale, et qu'elle n'implique pas le *votum mortis,* il n'y a lieu de prononcer ni la nullité du pacte, ni l'indignité de l'héritier, telle est la décision donnée au Dig. L. 7. § 18, *in fine. De pactis* « Idem probat (Marcellus), et si filius cum creditoribus paternis pactus sit : Placet hic doli exceptionem profecturam. » En effet, que s'est-il passé ? Un fils du vivant de son père a fait avec les créanciers de ce dernier un pacte de remise. C'était là pour ainsi dire conclure une convention en vertu de laquelle les créanciers ne pouvaient plus réclamer à ce fils quand il deviendrait héritier la dette contractée par son père. Cependant comme ce pacte produit son effet *hic et nunc* la fortune du père est déchargée dès lors du montant de la dette éteinte par le pacte. Ici rien

d'immoral ni de contraire à l'ordre public. Le pacte
ast valable, l'indignité n'est pas encourue, et l'*exceptio doli* est donnée à l'héritier pour assurer l'exécution
de la convention.

§ 5. — *Emploi de la violence ou du dol contre la
liberté de tester.*

Deux titres, l'un au Digeste, l'autre au Code, nous
font connaître cette nouvelle cause d'indignité (Si
quis aliquem testari prohibuerit vel coegerit D. et C.).
L'héritier légitime ou testamentaire, qui a empêché
le *de cujus* de faire un testament ou de changer celui
qui existait, perd tout droit aux actions qu'il avait
pour se faire mettre en possession de la succession,
et ce droit passe au fisc. De même si « Testator non
sua sponte testamentum fecit, sed compulsus ab eo,
qui heres institutus, vel a quolibet alioquos noluerit, scripsit heredes. » De'là trois cas dans lesquels
l'indignité est encourue : On a empêché le défunt de
tester, on l'a empêché de changer un testament préexistant, on l'a forcé de faire un testament en faveur
de telle ou telle personne.

Pour fixer quel devait être le caractère de la violence, on s'en référait aux règles ordinaires. Pour le
dol, on prend soin de dire qu'il fallait un dol bien caractérisé ; c'est-à-dire tel que Labéon le définit. L. 1,
§ 2. *De dolo malo* : « Omnem calliditatem, fallaciam,
machinationem ad circumveniendum, fallendum,

decipiendam alterum adhibitam. » Quant aux manœuvres qui ne rentrent pas dans cette définition, elles sont permises (*non in crimen incidunt*). C'est ainsi que Papinien prend soin de dire que si un mari, sans employer ni violence, ni dol, s'efforce d'empêcher sa femme de changer d'intention à son égard, et de faire un codicile à son préjudice, et que dans ce but pour calmer son ressentiment, il ait employé, comme cela se fait souvent, (*ut fieri adsolet*), ce qu'il appelle le *Sermo Maritalis*, il ne faut pas voir là un cas d'indignité. De même Dioclétien et Maximien décident que « judicium uxoris postremum in se provocare maritali sermone non est criminosum. « (L. 3, *Si quis aliquem testari*. Code).

Mais un testatement entaché de dol ou de violence n'est-il pas nul ? A quoi bon dès lors prononcer l'indignité de celui qui ne saurait même pas être héritier en vertu d'un pareil testament ? C'est qu'un testament entaché de dol ou de violence n'est pas nul ; c'est qu'il peut créer un héritier et que dès lors il est juste de prononcer l'indignité.

Dans la théorie générale des contrats nous voyons que ni la violence, ni le dol ne sont en droit civil une cause de nullité ; il y a eu consentement, il y a donc eu contrat. Le consentement a été forcé, vicié, le contrat n'en a pas moins existé ; car « coacta voluntas sed voluntas ». Tel était le droit civil, formulaire et symbolique avant tout ; et quand le droit prétorien vint étendre sur la législation romaine son

influence si bienfaisante, il ne put prononcer la nullité en pareil cas, mais il protègea contre la fraude et
la violence par des moyens détournés, la *restitutio
in integram*, l'action et l'exception *de dolo*, l'action
quod metus causa.

Nous devons appliquer tout ce que nous venons
de dire aux testaments, contrats solennels à l'origine,
lorsque le testateur vendait son hérédité au futur héritier en présence du *Libripens*. Une fois les formalités accomplies, le testament est valable; que la
volonté du testateur soit libre ou non. Telle était la
doctrine Romaine. C'est donc avec raison que les
jurisconsultes Romains ont dans ce cas prononcé
l'indignité.

Ici se présente une question vivement controversée. Faut-il pour que l'indignité soit prononcée
que l'héritier se soit lui-même rendu coupable de la
violence ou du dol? Ou bien suffit-il qu'il y ait eu
dol ou violence, quel qu'en soit l'auteur ? A ne considérer que les règles de l'équité, il semblerait profondément injuste qu'un héritier fût puni à raison
d'une faute qu'un autre aurait commise; d'ailleurs, la
législation Romaine avait admis le principe de la
personnalité des peines. Cela ressort d'un grand
nombre de textes : « *Fratris factum, fratri non no-
cet* », dit le § I l. L. **2**. *Si qui aliquem testari*. D. De
même l. 44. *de hered. instit.* D. Alfenus donne
cette décision: « Neminem, ex alterius fac-
to, hereditate neque alligari neque exheredari

posse, » et l. 5 § 5, *de operis novi nuntiatione*. D.

N'est-ce pas là d'ailleurs l'interprétation la plus naturelle des différentes décisions fournies par la l. l *si quis aliquem testari*. D. Le *Proœmium* prononce l'indignité contre l'héritier légitime ou testamentaire qui a empêché le *de cujus*, soit de faire un testament, soit de modifier un testament préexistant. Les termes dans lesquels il est conçu ne permettent guère d'admettre que l'indignité serait aussi encourue dans le cas où l'empêchement proviendrait du fait d'un autre que l'héritier. Le § 1 fournit aussi un argument en faveur de notre interprétation. Voici l'espèce : Une personne a fait un testament en faveur d'un esclave, et comme elle voulait le modifier, elle en a été empêchée par le maître de l'héritier institué. Plus tard l'esclave a été affranchi, et le testateur est venu à mourir. Ici l'héritier n'a commis aucune faute et cependant on prononce l'indignité contre lui. Ce texte, qui au premier abord semble contraire à la décision que nous avons donnée, s'explique cependant très bien dans notre sens. En effet, l'institution de l'esclave n'avait eu lieu qu'en considération de la personne du maître, puisque c'était ce dernier qui devait en avoir le bénéfice. Que si maintenant le maître a empêché de modifier ce testament, c'est que probablement il y avait intérêt ; c'est-à-dire qu'il craignait que l'intention du testateur ne fût de rayer le nom de l'esclave et d'instituer un autre héritier. On devait donc présumer que la volonté du testateur n'avait pas été d'avoir pour héritier l'esclave institué comme tel, et par conséquent on le déclarait indigne. Je sais bien qu'on pourrait faire le même raisonnement chaque fois qu'un tiers a, par violence, empêché un testateur de modifier son testament. Mais ce qui le rend ici parfaitement applicable, c'est l'identité de la personne du maître avec celle de l'esclave. Tous deux ne faisaient qu'un lorsque s'est produit le fait qui a emporté l'indignité, et la culpabilité du maître a rejailli sur l'esclave, qui plus tard, il est vrai, en a seul porté tout le poids. Mais l'indignité a été encourue dès que la violence a été employée ; peu importe que la personne du coupable se soit pour ainsi dire dédoublée : l'esclave eut été puni de la faute du maître.

D'ailleurs, si le législateur prend soin de noter cette décision, c'est qu'elle n'est pas conforme à celle où conduiraient les principes qui dominent cette matière. Ulpien assimile à ce cas celui où au lieu d'un esclave, c'eût été un fils de famille qui eut été institué. Le § 2 est tout aussi concluant.

Tel est notre système. On lui objecte la L. 1, *si quis aliquem testaric:* « Civili disceptationi crimen adjungitur, si testator non sua sponte testamentum fecit, sed compulsus ab eo, qui heres est institutus, vel a quolibet alio, quos noluerit, scripsit heredes. » Ce texte peut être concilié avec ceux que nous avons examinés plus haut, et voici comment nous l'expliquerons : Un tiers a employé la violence pour forcer un testateur à ins-

tituer malgré lui un héritier. Quelles seront les conséquences de ce fait? C'est que les héritiers légitimes
du testateur seront privés de sa succession, s'il n'avait
pas déjà fait de testament; c'est que l'héritier testamentaire institué dans un précédent testament, perd
tous ses droits. N'est-il pas juste que ces différentes
personnes, qui sans le fait du tiers auraient recueilli
la succession du *de cujus*, aient un recours contre le
coupable? N'est-il pas juste qu'elles puissent lui demander une indemnité? C'est la décision que donne
la loi qui nous occupe. En effet, dans ce cas, à l'action
en indignité qu'exerce le fisc vient se joindre une action
civile, une action *in factum* tendant à la réparation du
dommage causé par le tiers: — *Civili disceptationi
crien adjungitur*. — Ainsi donc dans notre système,
qu'il y ait dol ou violence, il faut pour que l'indignité
soit prononcée que le coupable soit l'héritier lui-même;
que si au contraire, c'est un étranger, il n'y a pas lieu
à prononcer l'indignité.

On a cherché la conciliation des textes dans une
distinction entre les effets du dol et ceux de la violence Le dol, a-t-on dit, est un vice relatif, opposable à
ceux qui en sont les auteurs; la violence au contraire
est un vice obsolu, opposable à tous. Il en est de
même en matière d'indignité, c'est ce que prouve la
L. 1. *si quis aliquem testari*, au Code. En effet il n'y
est pas question à la fois de dol et de violence; mais
de violence seulement *(compulsus)*. Que s'il s'agissait
de dol, il faudrait supprimer »*vel a quolibet alio.*» Cette

explication ne me semble pas satisfaisante. Que dans les contrats le dol soit un vice relatif, la violence un vice absolu, cela se comprend. La partie qui s'est laissée induire en erreur, qui a été trompée, est présumée avoir négligé de prendre les informations nécessaires pour empêcher le dol dont elle est victime ; elle peut être accusée d'imprudence. En un mot, elle ne peut s'en prendre qu'à elle du dommage qu'elle éprouve. Aussi en pareil cas tout en la protégeant contre la fraude, c'est-à-dire tout en rendant le contrat annulable à l'égard de l'auteur du dol, on le maintient dans le cas où le dol émanant d'un tiers, l'autre partie en est est innocente. Dans le cas de violence, au contraire, il y a une pression telle que la victime n'a pu s'y soustraire. Aucun reproche de négligence ne saurait ici lui être adressé. Aussi lui est-on plus favorable qu'au cas de dol. Le contrat est nul non-seulement à l'égard de la personne coupable d'avoir exercé la violence, il l'est encore si c'est un tiers qui a exercé la pression sous l'influence de laquelle l'une des parties a contracté. Mais ces raisons de distinguer n'existent plus dans le cas qui nous occupe. En effet, quand il s'agit d'un contrat, le débat s'élève entre deux personnes, l'une qui a été violentée, et l'autre qui est innocente de la violence ; et comme la position de la victime doit être plus favorable que celle de l'autre partie, on annule le contrat ; en matière d'indignité le débat s'élèvera entre le fisc et la personne innocente de la violence. Pourquoi serait-on ici plus favorable au fisc que si le testateur avait été victime d'un dol ? Pour le fisc, dans un cas comme dans l'autre, sa position est la même ; il n'a pas droit à plus de faveur s'il y a eu violence, que s'il y a eu dol. Disons donc que la différence entre les effets du dol et ceux de la violence n'a pas sa raison d'être, et qu'on ne saurait ainsi expliquer la L. 1, *si quis aliquem testari*. Code.

Quels sont les effets de l'indignité prononcée dans les cas que nous venons d'étudier, à l'égard des autres mentions contenues dans le testament, c'est-à-dire des legs et des fidéicommis ? Ici encore nous nous trouvons en présence de textes qui donnent des décisions différentes. Il est cependant une conciliation qu'on admet généralement, et que nous adopterons, car elle donne des textes une explication très-satisfaisante. Voici le texte de la L. 17, *de ihs quœ ut indigni*. D : « Si scriptis heredibus ideo hereditas ablata est quod testator aliud testamentum mutata volontate facere voluit, et impeditus ab ipsis est : ab universo judicio priore recessisse eum videri. » Paul décide donc qu'au cas où l'indignité est encourue parce que le testateur a été empêché de modifier son testament, ce testament tombe tout entier. D'un autre côté, Ulpien L. 1, § 1, *si quis aliquem testari. D.* décide qu'en pareil cas les fidéicommis doivent être maintenus. Paul L. 1, § 2 *eod tit,* contrairement à la décision que nous avons rapportée plus haut, laisse aussi subsister le fidéicommis. « Si fidei ejus qui dolum admisit, commis sum est, ut hereditatem restitueret, ea hereditas cadu-

ca cum suis oneribus flet, ut commodum legis Falci-
diæ fiscus sentiat, dodrantis autem fidei commissarius. »

Pour concilier ces différents textes avec la L. 19,
de his quæ ut indig. Il faut dire que les espèces prévues sont différentes. Le testateur voulait-il changer
seulement le nom de l'héritier, et maintenir le reste ?
on respecte les legs et fidéicommis que le fisc est dans
ce cas obligé d'acquitter. Le testateur a-t-il voulu au
contraire changer entièrement son testament ? dans ce
cas on applique la L. 19, *de his quæ ut indignis*, D.
Cette explication est uniquement fondée sur l'intention
présumée du testateur.

§ 6. *Attaques dirigées contre le testament*

Attaquer un testament dans lequel on était institué
comme héritier ou comme légataire constituait un cas
d'indignité. Examinons les effets des différents genres
d'attaques qui peuvent être dirigées contre un testament.

• L'héritier ou le légataire prétendent que le testament dans lequel ils sont institués n'est pas l'œuvre
du *de cujus* etque par conséquent il y a lieu non pas à
la succession testamentaire, mais bien à la succession
ab intestat. Il faut pour cela supposer qu'il s'agit d'un
légataire qui a dans la succession ab intestat des droits
supérieurs à ceux qui lui sont conférés par le testament. En pareil cas si l'héritier ou le légataire triom-

phe, le testament tombe nécessairement, puisqu'il n'est pas l'œuvre du défunt et que par conséquent il n'est pas l'expression de sa volonté dernière. Mais si au contraire l'attaque est mal fondée, celui qui l'a entreprise est déchu des droits que lui donnait le testament, il est déclaré indigne.

Le fondement de cette peine, c'est l'atteinte portée aux dispositions prises par le testateur. « Qui falsas tabulas dixerit nec obtinuerit, ad defuncti judicium adspirare non potest (L. 6, Code. *Ad leg. Corneliam de falsis.*) La L. 9, *de jure fisci*, D. pose le principe pour l'héritier. « Eum qui falsum testamentum dixit posse adire hereditatem constat ; sed denegatis actionibus fisco locus erit » Pour le légataire la L. 5, §. 1, *de his quæ ut indignis*, D. « Qui legatum secutus postea falsum dixit amittere debebit quod consecutus est. »

A quel moment peut être encourue cette indignité ? En d'autres termes, faut-il que l'attaque soit dirigée contre le testament avant ou après l'adition, avant ou après la réception du legs ? A quelque moment que soit dirigée l'attaque, l'indignité est encourue. L'héritier peut même après avoir encouru l'indignité faire adition ; mais les actions héréditaires seront données au fisc. Si le légataire a reçu le legs, il devra le rendre.

Il ne faut pas croire cependant que le fait seul de l'attaque entraîne inévitablement l'indignité, et que l'héritier qui, par exemple, après avoir commencé le procès venant à s'apercevoir qu'il n'a pas de chances de le gagner abandonne son attaque, soit, à la suite de cet aveu tacite de son tort, déclaré indigne. Nous avons au Code, L. 8, *de his quibus ut indignis,* une constitution de Gordien qui règle ce point : « Il ne faut pas confondre le cas où l'héritier a poussé jusqu'au bout son accusation de faux et a attendu un jugement contraire à sa prétention, avec celui où il a abandonné le procès après l'avoir commencé. Dans le premier cas il y a indignité ; elle n'est pas prononcée dans le second. »

Enfin il est bon de noter qu'on pouvait attaquer l'institution de l'un des héritiers seulement, et prétendre qu'un seul d'entre eux avait été inscrit *per falsum.* Dans ce cas le légataire qui succombe n'est pas déclaré indigne à l'égard de tous les héritiers, mais seulement à l'égard de celui qu'il avait accusé d'avoir été *per falsum adscriptum.* Telle est la décision de Papinien reproduite par Ulpien L. 4. *De his quæ ut indignis, D.*

2° « Meminisse autem oportebit eum qui testamentum inofficiosum improbe dixit et non obtinuit, id quod in testamento accepit perdere, et id fisco vindicari quasi indigno ablatum. » L. 8, § 14. *De inoffic. test. D.* Ulpien dans ce texte nous apprend que c'était encourir l'indignité que d'attaquer un testament par la *querela testamenti inofficiosi,* si l'on n'obtenait pas gain de cause. En effet, demander l'infirmation d'un testament pour une semblable raison, c'était prétendre implicitement que le testateur avait agi *contra offi-*

cium pietatis, et dans un moment où il n'avait pas le plein exercice de ses facultés: « *Hoc colore quasi non sanæ mentis fuerit quum testamentum ordinarent.* » On comprend dès lors que si légèrement ou par méchanceté (*improbé*) on a intenté une pareille accusation, on ne pouvait guère venir à la succession d'un homme qu'on avait ainsi calomnié.

Rappelons en quelques mots à ce sujet ce qu'était en droit Romain la *querela inofficiosi testamenti*. Le père de famille dans l'ancien droit pouvait en faisant son testament ne rien laisser à des héritiers siens et nécessaires. Il suffisait pour que ses dernières volontés reçussent leur exécution qu'il les eût exhérédés. Il n'était même pas nécessaire qu'il indiquât les raisons qui l'avaient conduit à une mesure aussi rigoureuse. Que si cependant il n'avait pas rempli cette formalité de l'exhérédation, son testament était nul *ipso jure*. D'ailleurs, cela n'était exigé qu'à l'égard des héritiers siens et nécessaires. Aussi ceux qui n'en avaient pas comme la mère et les ascendants maternels n'y étaient-ils pas obligés. Leur silence tenait lieu d'exhérédation. Mais peu à peu, et sous l'influence des jurisconsultes, des motifs graves furent exigés pour pouvoir exhéréder. De là naquit la *querela inofficiosi testamenti* accordée aux héritiers qui n'avaient en rien mérité d'être ainsi dépouillés. Le testateur donc qui, sans motifs suffisants, avait exhérédé ses enfants était considéré comme ayant agi *contra officium pietatis*, et comme ne jouissant pas complétement de ses facultés mentales. Si la *querela* était admise, on rescindait le testament et la succession ab intestat s'ouvrait.

Signalons deux différences entre les effets de l'indignité encourue dans le cas qui nous occupe, et ceux produits par l'indignité résultant de l'accusation de faux. D'abord l'indignité en cas de *querela* est encourue à l'égard de tous les héritiers, bien qu'elle n'ait été dirigée que contre l'un deux. Cette différence se comprend facilement, car le fondement de la peine est ici un fait indivisible, ce n'est plus telle partie du testament qu'on attaque; c'est le testament tout entier. De plus, l'injure faite au testateur, qui est la cause de l'indignité ne saurait être divisée dans ses effets. Enfin l'acceptation d'un legs n'empêche pas qu'on puisse postérieurement prétendre que le testament est faux. (L. 5, *Præ. De his quæ ut indig. D.*). Au contraire la *querela* devient impossible lorsqu'il y avait eu un acte emportant reconnaissance tacite de la validité du testament, et la loi précitée nous montre que l'acceptation d'un legs était considérée comme emportant cette reconnaissance. Il y avait d'ailleurs d'autres actes qui produisaient le même effet et rendaient impossible l'exercice de la *querela*. Ceux qui sont exhérédés ont par exemple acheté aux institués soit l'hérédité entière, soit quelque chose qui en provient; à condition toutefois qu'ils savaient avoir affaire aux institués : « Conduxerunt prædia, aliudve quid simile fecerunt » ou bien encore, ils ont payé aux institués ce qu'ils devaient au testateur. Ces faits impliquent la reconnaissance par les exhérédés de l'équité de la mesure qui les frappe, et par conséquent la *querela* leur sera refusée.

3° Le légataire qui avait droit à la *bonorum possessio contra tabulas* devait choisir entre cette qualité de *bonorum possessor* et celle de légataire. Plus généralement, la qualité de *bonorum possessor* était incompatible avec tout droit ayant sa source dans la volonté du défunt. C'était donc là une cause d'indignité. Quelques explications sont nécessaires pour bien comprendre cette formule.

Ulpién, au Titre 28 de ses règles, nous apprend que la *bonorum possessio* est donnée ou *contra tabulas*, ou *adversus tabulas* ou *intestati*. Nous n'avons à nous occuper que de la première ; car seule elle va être l'occasion d'un nouveau cas d'indignité. La *bonorum possessio contra tabulas* est donnée aux enfants émancipés qui ont été omis dans le testament, bien qu'ils n'aient aucun droit à la succession ; mais remarquons que la *bonorum possessio contra tabulas* n'était pas accordée aux enfants exhérédés; car ils peuvent s'ils le veulent intenter la *querela inofficiosi testamenti* (*L. 8, Præ. de Bon. poss. contra tabul. D.*)

L'effet de la *bonorum possessio contra tabulas* est de faire tomber l'institution d'héritier ; il ne faut pas croire cependant qu'avec elle tombait tout le testament. Le préteur, mû par un sentiment d'équité maintint certaines dispositions, par exemple, la substitution pupillaire (*L. 34. § 2. De vulgari et pupillari subs-*

titutione, D.) ; les legs et les fidéicommis, faits à certaines personnes, « Hoc est liberis et parentibus, uxori, nuruique dotis nomine. » Mais ces avantages ainsi validés en faveur de certaines personnes ne le furent pas en faveur du *bonorum possessor*, et c'est là justement que nous rencontrons cette incompatibilité dont nous avons parlé plus haut : de sorte que, celui qui a droit à la *bonorum possessio contra tabulas* se trouve placé entre deux partis à prendre. Accepte-t-il le testament tel qu'il se tient et comporte, il a droit à tous les avantages qui lui sont faits dans ce testament; invoque t-il au contraire la *bonorum possessio contra tabulas*, il perd tout droit à ces avantages, il en devient indigne : « Constituere apud se debet utrum contra tabulas bonorum possessio petat, an vero legatum persequatur (L. 5, § 2. *De légat. præst.* D.) » Nam—« omnibus liberis præstari legata prætor voluit, exceptis his liberis quibus bonorum possessionem prætor dedit ex causis supra scriptis : nam si dedit bonorum possessionem, non putat legatorum eos persecutionem habere » (*L.* 5, § 2, *de legat. præst.* D.)

Le *bonorum possessor* devient indigne non seulement des legs à lui faits, mais il ne peut pas profiter d'une substitution pupillaire faite à son profit dans le testament : « Is qui contra tabulas testamenti patris bonorum possessionem petierit, si fratri impuberi substitus sit, repelletur a substitutione » (L. 22, *de vulg. et pupullari subst.* D.) Voici l'espèce : Un père est mort laissant deux fils dont l'un est émancipé et l'autre impubère ; il omet dans son testament son fils émancipé, institue son fils impubère, mais substitue pupillairement à ce dernier le fils émancipé. Si le fils émancipé demande la *bonorum possessio contra tabulas*, il perd tout droit à la substitution pupillaire faite en sa faveur. Les L. 5 § 4, *de Legat. Præst.* D. et L. 2 *Proe, de his quæ ut indig.* D. donnent même décision.

4° « Ille qui non jure factum contendit nec obtinuit, non repelletur ab eo quod meruit. » (L. 5. *d his quæ ut indig.* D.) Demander la nullité d'un testament en alléguant qu'il est *non jure factum* ne constitue pas une nouvelle cause d'indignité, et la réception d'un legs n'empêchait pas qu'on pût soulever cette question.

Il s'élève ici une controverse N'est-ce jamais un empêchement à une demande en nullité de testament *non jure factum* que de recueillir un legs qu'il contient ? Que si, au contraire, certaines circonstances viennent s'ajouter, faudra-t-il donner la même décision ? Il faut sur ce point étudier la L. 43. *de hered. petit.* D. et la L. 5, § 1, *de his quæ ut indig.* Il y est question d'un rescrit d'Antonin le pieux cité tout le long dans la L. 5, § 1, et qui se termine par ces mots: « Prohibendi sunt, annon (cognati Sophronis qui ab herede instituto acceperant legata) ex cujusque persona, conditione, ætate, cognita causa, a judice constituendum est » la L. 43 se réfère à ce rescrit: « Imperator autem Antoninus ei qui ex testamento legatum abstulisset, causa cognita, hereditatis petitionem denegandam esse: Scilicet, si manifesta calumnia sit. »

Cujas prétend qu'il faut ainsi interpréter ces textes : La réception du legs n'est pas en elle-même un empêchement à la demande en nullité, mais si le légataire a connu avant la réception la nullité, dont le testament était infecté, ou bien si en ayant connu la forme et le contenu il ne s'est pas aperçu de la nullité ; comme c'est ici une *ignorantia juris*, il ne serait plus recevable à intenter après cela une demande en nullité. Cependant, et c'est à son avis sur ce point que porte le rescrit d'Antonin, le juge avant d'écarter la demande devra tenir compte de la personne, de la condition ou de l'âge du légataire. Telle n'est pas, je pense, l'explication qu'il faut donner de ces textes. En effet, ces considérations de personne, de condition, d'âge, ne sont pas présentées par l'empereur comme pouvant faire admettre la demande malgré la réception du legs, mais plutôt comme pouvant empêcher cette admission, abstraction faite de cette circonstance que le legs a été reçu. Quant à la L. 43, elle ne signifie rien autre chose que ceci : Si le légataire demande la nullité du testament, il devra être repoussé s'il agit par méchanceté ou dans un but de vexation ; quant à la circonstance que le legs a été reçu, elle est spéciale au cas prévu par l'empereur, mais quand même elle ne se rencontrerait pas, la décision n'en serait pas changée.

Après avoir ainsi examiné les quatre cas dans lesquels on peut attaquer un testament, on est tout d'abord étonné de ces distinctions entre les effets des différents modes d'attaque. Ainsi, par exemple, on n'encourt pas l'indignité en prétendant que le testas-

ment a été *non jure factum*. On l'encourt au contraire
en prétendant qu'il est *falsum*. Sur quoi se fonde une
semblable distinction.? Cela semble difficile à dire. En
effet, est-ce l'injure faite au testateur? non, car elle est
beaucoup plus grande quand on prétend que son testament n'est pas conforme à la loi que si on prétend
qu'il est œuvre d'un faussaire. Est-ce sur la résistance
qu'on oppose à l'exécution des dernières volontés du
défunt?. Non, car elle est bien plus facile à expliquer
dans le cas où le testament est faux que dans celui où
il est *non jure factum*.

Ajoutons que sont déclarés indignes non-seulement
ceux qui ont attaqué le testament mais encore ceux
qui à dessein ont prêté aide et secours à celui qui l'at-
taquait : « His vero qui testimonio suo intentionem
accusatoris adjuverunt deneganda est actio; idque
divus Severus decrevit. » (L.5, § 10. *De jure fisci*. D.)
« Sunt qui putant et recte et ei denegandam qui accu-
satori adfuit, vel fidejussor pro eo exstiterit » (§ 2)
« Quidam et præsidem indignum putant qui testamentum falsum pronuntiavit, si appellatione intercedente
heres scriptus obtinuit. » (§ 12)

Telles sont les règles rigoureuses qui, dans la matière qui nous occupe, multipliaient les cas d'indignité.
A côté, il est vrai se placent de nombreuses restric-
tions que nous allons examiner.

D'abord, d'une manière générale, on peut dire que
ceux qui en attaquant un testament n'ont fait qu'obéir
aux devoirs de leur charge, n'encourent pas l'indignité

(in omnibus officiis necessitas satis excusat). De ce nombre sont l'avocat du fisc et le tuteur. Pour l'avocat du fisc on peut trouver la décision bizarre ; car nous venons de voir que le président qui déclarait le testament faux et dont le jugement était réformé en appel, était considéré comme indigne. Mais les textes sont formels.

Le tuteur peut sans courir aucun risque attaquer le testament comme faux, ou intenter la *querela inofficiosi testamenti*, c'est ce que décide un rescrit des empereurs Sévère et Antonin (L. 30, §1, *de inofficioso testamento.* D.) La raison que donne Tryphoninus est très-bonne. Elle est tirée de la dualité des personnes que renferme le tuteur, et par conséquent de la dualité des droits qui sont en jeu. « Discreta sunt enim jura, quamvis plura in eamdem personam devenerunt, aliud tutoris, aliud legatarii, et quum non suæ personæ sed jure pupilli accusaverit, propriam pœnam non debet mereri. » (L. 22. *de his quæ ut indig.* D.)

Le même texte dans la suite donne une décision qui paraît conforme à l'équité. « Denique pupillo relicto in eo testamento, nisi a principe conservata sint, pereunt. Adeo ille est accusatoris defensor, et quasi patronus. Idem et Sabinus in libris ad Vitlelium scripsit. » (L. 22, *in fine. De his quæ ut indig.* D.) Le tuteur n'étant pas responsable de l'attaque qu'il dirige contre le testament, les jurisconsultes ont décidé qu'il fallait cependant que quelqu'un en portât la peine, ce qui n'est pas absolument juste. Le tuteur doit seul être puni de son imprudence, et si, par faveur pour lui, on lui laissait à ce sujet toute latitude d'intenter un procès pour faire tomber un testament, il valait mieux ne punir personne. Telle n'est pas la décision fournie par notre loi 22 : c'est le pupille qui dans ce cas sera déclaré indigne. La raison qu'en donne Tryphoninus est assez étrange, elle montre bien par son obscurité même l'embarras des jurisconsultes à justifier cette décision: « Adeo ille (pupillus) est accusatoris defensor et quasi patronus. »

D'ailleurs, pourquoi le pupille est-il ici responsable de la faute commise par le tuteur ? Cela s'expliquerait s'il s'agissait d'un dommage éprouvé pendant le cours de la tutelle, le pupille dans ce cas devrait souffrir de la mauvaise administration du tuteur. Mais ici rien de semblable. L'indignité est une peine, et les peines sont essentiellement personnelles à celui qui a commis la faute.

Telle était la rigueur des principes, rigueur mitigée il est vrai par la bienveillance du prince qui pouvait, en pareil cas, au moyen d'une *restitutio in integrum* rendre au pupille tous les droits dont il avait été privé. Si le tuteur n'avait pas été de bonne foi dans son attaque, le pupille est encore déclaré indigne, mais il n'a plus besoin de la *restitutio in integrum* ; il a une action *tutelæ* par laquelle il obtient l'équivalent de ce que lui a fait perdre la déclaration d'indignité.

Cujas à propos de la L. 2, *de his quibus ut indig.* Code, s'occupe beaucoup de cette question. Voic d'abord comment il pose l'espèce de cette loi : Un testateur a institué Polla sa fille majeure, un fils impubère et des étrangers. Polla prétend que le testament est faux, sans cependant porter cette accusation en justice. Elle transige avec les héritiers étrangers, et moyennant une certaine somme, elle se désiste de sa prétention, et laisse ces étrangers recueillir leurs parts. Puis elle vient à mourir. Son frère vient à sa succession *jure consanguinitatis*, et bientôt le tuteur de ce dernier prétend que le testament est faux. Il porte l'affaire devant les tribunaux et succombe. D'après la loi la part du pupille est déférée au fisc, car il semble avoir lui-même contesté la validité du testament, puisque c'est son tuteur qui a provoqué l'instance .Le fisc ne peut cependant pas prétendre à la part que le pupille a recueillie comme héritier légitime de sa sœur, car celui qui a prétendu que le testament était faux peut très bien succéder à l'héritier du testateur. Dans ce cas, il n'était pas directement héritier du testateur, il ne lui succède que par voie de conséquence et au moyen d'une personne interposée.

Mais le tuteur doit rendre le pupille indemne, car il a probablement intenté cette action au hasard ou même dans un mauvais dessein ; ou bien, une fois l'instance engagée, il ne l'a pas suivie avec le zèle qu'il aurait dû y mettre. De plus, si en connaissance de cause, et avec toute la prudence possible, le tuteur a intenté à tort l'accusation de faux, il n'en est pas moins tenu de l'action de calomnie bien qu'il n'ait pas agi en son nom, mais au nom du pupille. Sans cela les tuteurs abuseraient souvent de leur fonction, et porteraient au nom des pupilles des accusations calomnieuses. Il a donc paru équitable que le tuteur dans ce cas soit tenu de payer une indemnité au pupille ; il sera de plus tenu de l'action de calomnie.

Il ne faut pas croire que toute attaque dirigée contre un testament produise les effets que nous venons d'étudier. En effet, on a pu attaquer une partie essentielle du testament, comme l'institution qui en est la base « caput ac fundamentum totius testamenti. » Dans ce cas on est considéré comme ayant voulu faire tomber le testament avec tous les accessoires, tels que substitutions, codicilles, etc., et les effets de l'indignité s'étendent tant à l'institution d'héritier qu'aux substitutions et codicilles. Que si, au contraire, on n'a attaqué que les accessoires, et que l'on succombe, on ne perdra pas les droits résultant de l'institution : « Qui principale testamentum arguit, et a secundis tabulis repellendus est : Item codicillis ad testamentum factis, licet non confirmatis. Non idem sequendum est, si secundas tabulas, vel codicillos coarguit : quia non utrumque hoc casu improbasse videtur. » (L. 5, § 14, *de his quœ ut indig.* D.)

§ 7. *Suppression du testament.*

Paul dans la loi 2, *de lege Cornelia de falsis*, nous donne l'énumération d'une série d'attentats dirigés contre les testaments, soit pour les détruire, les supprimer, les cacher, ou encore pour produire des testaments faux ou contenant de fausses mentions. Dans tous ces cas, deux peines sont prononcées contre les coupables : d'abord la peine dite de la loi *Cornelia de falsis*, qui était ordinairement la déportation et la confiscation de tous les biens, de plus l'indignité.

Pour ce dernier genre de peine, il était appliqué avec une grande rigueur. En voici un exemple : Un fils avait supprimé le testament de son père, et celui-ci étant mort intestat, il s'était porté comme héritier, puis il était mort après avoir recueilli cette uccession. La fraude venant à être découverte, Marcellus pense que dans ce cas il sera très équitable d'enlever à l'héritier de ce fils tout ce qui lui provenait de l'hérédité du père. « Justissimo tota hereditas paterna heredi ejus eripietur » (L. 26, *de lege Cornelia de falsis*. D.)

Tel était le droit pour les héritiers. Voyons ce qu'il en était à l'égard des légataires et des fidéicommissaires, et étudions à ce sujet la L. 25, *de Legatis*, Code. Voici la décision donnée par Justinien : si un légataire ou un fidéicommissaire tient un testament caché, et que plus tard ce testament vienne à être produit au grand jour, le coupable institué comme légataire dans ce testament pourra-t-il demander l'exécution de son legs ? Les avis étaient partagés. Voici notre avis, dit Justinien : Il n'est pas convenable que celui qui a voulu au moyen d'une fraude priver l'héritier de la succession, recueille en paix le fruit de sa mauvaise foi. Qu'il soit donc privé du legs, et que celui-ci reste à l'héritier comme s'il n'avait jamais été écrit sur le testament. Il faut dire d'après ce texte que les légataires ou fidéicommissaires devenaient comme les héritiers indignes des legs et fidéicommis à eux faits dans le testament qu'ils avaient tenu caché ou supprimé.

§ VIII. — *Violation d'une prohibition de mariage.*

Le texte d'une constitution de Valentinien, Théodose et Arcadius qui forme au Code la L. 4, *de incestis et inuli bus nuptiis,* nous montre parfaitement quel est le nouveau cas d'indignité que nous allons étudier : « Celui qui, malgré la loi, les proscriptions et les constitutions des empereurs contracte mariage, ne peut rien acquérir de son conjoint, ni par donation *an nuptetins* ni d'aucune autre manière. Nous ordonnons que tout ce dont l'un des époux se sera enrichi grâce aux libéralités de l'autre, soit revendiqué par le fisc à titre de libéralité faite à un indigne. En faisant toutefois exception en faveur de ceux qui ont été victimes d'une erreur non simulée ou que leur jeune âge a laissés sans défense. Pour ceux-là nous avons adouci a sévérité des lois, pourvu qu'aussitôt revenus de leur erreur, ou parvenus à un âge raisonnable, ils aient rompu sans délai une pareille union. »

Ainsi donc, dans le cas qui nous occupe, l'indignité frappe non-seulement les libéralités testamentaires, mais encore les avantages entre-vifs. Papinien L. 61, *de ritu nuptiarum*. D. dit : « Dote propter illicitum matrimonium caduca facta. » Paul L. 52, eod. titulo : « Incestæ nuptiæ neque dotem habent, et ideo omne quod perceptum est, licet fructuum nomine, auferetur. » Ulpien L. 32, §28, *de donationib. inter virum et uxorem*. D : Et putem etiam sponsalia improbanda et quasi ab indignis ea, quæ donata sunt, oblata fisco vindicari. »

Disons quelques mots de ces prohibitions qui créent un cas d'indignité entre les personnes qui contractent une union sans y avoir égard. En général, elles empêchent la femme de pouvoir profiter des avantages à elle faits par son époux ; de même que dans ce cas le mari ne peut rien recevoir de sa femme. Ce sont par exemple celles qui reposent sur certaines considérations de moralité publique. La parenté qui lie deux personnes est un obstacle à leur mariage. L'existence d'un premier mariage empêche les conjoints d'en contracter un second. L'adultère établit entre les deux complices un empêchement qui ne leur permet pas de contracter des *justæ nuptiæ*.

Certains empêchements étaient fondés sur des considérations d'ordre politique. A l'origine, les patriciens ne pouvaient contracter mariage avec les plébiens, le *connubinm* n'existait pas entre eux, non plus qu'entre les ingénus et les affranchis. Les lois Canuleia et Pappia Poppæa modifièrent cet état de choses, et le mariage ne fut défendu qu'entre les sénateurs et les affranchis, les ingénus et les femmes de mauvaise vie (Ulpien, Rég. t. 13.)

Enfin, dans un but de protection pour certaines personnes, la loi avait encore établi des prohibitions dont l'effet n'est plus le même. Ainsi, bien que la personne contre laquelle la protection est établie ne puisse rien recevoir de son conjoint, ce dernier n'est pas cependant toujours indigne de recevoir de l'autre conjoint. Par exemple, le tuteur et le curateur, et même leurs fils ne pouvaient épouser leurs pupilles, tant qu'il y avait lieu à rendre des comptes. On craignait que les tuteurs et curateurs ne vinssent à se faire dispenser de rendre ces comptes, et aussi : « Quia hujus modi conjunctione tutor fraudem administrationis tegere laboravit. » (L. 6: *de interd. matrimon.* Code.) De même, il était défendu à un président de province d'épouser une femme de cette province. On redoutait l'influence que ce magistrat pouvait exercer sur la détermination de sa future épouse. Le mariage avait pu n'avoir pas été librement contracté. Si une pareille union avait été conclue au mépris de ces prohibitions, le mari était indigne de rien recevoir de sa femme (L. 2, § 1, *de his quæ ut indig. D.*) Quant à la femme, d'après le texte précité elle pouvait reprendre la donation par elle faite, ou la dot par elle constituée « Et dos data per condictionem repeti potest. » (L. 7, *de donat. inter virum et uxorem.* Code.) D'un autre côté, la femme pouvait bien recevoir un avantage par le testament de son conjoint. « Per contrarium autem ducta tam ab eo qui officium in provincia gerebat, quam a tutore illicite: magis est ut dicatur capere ex testamento, nec quasi indignam esse repellendam. » (L. 2, § 2, *de his quæ utindig. D.*)

L'application de ces principes peut cependant donner lieu à quelques difficultés. Claudius Seleucus soumet la suivante à Papinien. « Mævius in adulterio Semproniæ damnatus, eamdem Semproniam non damnatam ducit uxorem, qui moriens heredem eam reliquit : Quæso, an justum matrimonium fuerit, et an mulier ad hereditatem admittatur ? » Voici la réponse de Papinien : Il n'y a pas eu *justum matrimonium*, et la femme ne doit retirer aucun bénéfice de l'avantage à elle fait par le testament de son mari. Le fisc doit en profiter. D'ailleurs Mævius eut été également déclaré indigne s'il avait été institué par Sempronia. Cette décision peut paraître bizarre au premier abord. En effet, s'il y a eu mariages, cette union illicite donne naissance à l'indignité ; mais le jurisconsulte répond qu'il n'y a pas eu mariage, et alors pourquoi faire profiter le fisc de cette libéralité ? La disposition ayant été faite en faveur d'un mariage qui n'a pas existé devrait être considérée *pro non sirepta*. On justifie cependant cette décision par cette considération que les textes exigent l'erreur *in corpore hominis* pour que l'institution vienne à défaillir. (L. 9, *princip. de heredis. instit. D.*) et qu'ici il y aurait seulement erreur sur le motif qui aurait déterminé le testateur. Enfin il y a eu violation d'une prohibition de la loi, et cela suffit pour justifier la décision du jurisconsulte.

L'union qu'un homme contracte avec une femme pouvait en droit Romain revêtir l'une des trois formes suivantes : Le *justum matrimonium*, le *concubinatus*, le *stuprum*. La loi autorisait et reconnaissait les deux premiers modes, le troisième au contraire était illicite, et pouvait donner lieu à des peines civiles et corporelles. Examinons au point de vue de l'indignité les effets qu'ils produisent.

L'*uxor*, sous le régime des lois ordinaires, n'avait qu'une capacité restreinte de recevoir de son mari, à moins qu'à raison du nombre de ses enfants elle ne fût arrivée à la *solidi capacitas*. Voilà pour la question de capacité. Quant à l'indignité, elle ne pouvait frapper une union que la loi voyait d'un œil si favorable et qui était celle que contractaient les personnes honorables, en dehors des empêchements prévus par le législateur.

Pour la concubine, il en est de même. « Concubina capere potest ex testamento concubini, » dit Cujas à propos de la L. 16, § 1, *de his quæ ut indig*, D. Cette loi d'ailleurs d'une interprétation très difficile proclame que le concubinat n'engendre pas l'indignité des concubins. Voici l'explication que donne Cujas de ce texte : Cassianus, personnage qui occupait une haute position a choisi une ingénue Rufina pour compagne, à titre d'épouse et non de concubine. Cette dernière vient à mourir et Cassianus prend à titre de concubine une fille qu'elle laisse d'un précédent mariage. On n'a pas en effet le *connubium* avec sa belle-fille, on a le *concubinatus*. Cela n'a rien d'étonnant qu'on ait le *concubinatus* avec une personne qu'on ne saurait avoir à titre d'*uxor*. Il en est ainsi avec une femme condamnée pour adultère, avec une esclave, avec une femme de cinquante ans, avec une femme qui habite une province dans laquelle on a une charge. Bien qu'elle soit ingénue, la belle-fille de Cassianus n'en devient pas moins sa concubine, car on suppose qu'elle s'est livrée à la débauche. « Quamvis enim ex ingenuo nata sit, tamen quia vulgo quœstum fecit, jure hoc (concubina) fit. » Rien ne l'empêchera de recevoir un avantage dans le testament de son concubin. Telle est l'explication de Cujas, il fait subir une petite modification au texte : il remplace *quæsitum* par *quæstum* et ajoute *fecisse*. Malgré cela, cette interprétation semble donner au texte le sens le plus naturel. D'ailleurs, parmi les auteurs qui n'ont pas fait subir de modification au texte, il a fallu donner aux mots un sens qu'ils n'ont pas ordinairement.

Le *stuprum* au contraire était une cause d'indignité réciproque entre ceux qui avaient contracté une semblable union. « Stupro cognita indigna est capere, » dit Cujas en généralisant l'espèce de la L. 14, *de his quæ ut indig. D.* « Mulierem quæ stupro cognita in contubernio militis fuit... non admitti ad testamentum jure militiæ factum, et id quod relictum est, ad fiscum pertinere, proxime tibi respondi. » Les femmes dont parle ce texte étaient ce qu'on appelait des *fo-caria*, c'est-à-dire des femmes qui vivaient avec les soldats dans les camps et qui cependant n'étaient pour eux ni des concubines, ni des épouses. Elles avaient au contraire une situation abjecte qui avait attiré sur elles toutes les sévérités du législateur. Il avait même décidé qu'elles seraient incapables de recevoir des donations entre vifs, il y avait en effet à craindre un trop grand entraînement de la part des soldats. Aussi les empereurs avaient-il veillé avec sollicitude à ce qu'ils ne pussent se dépouiller entiè-ment au profit de pareilles femmes : « Milites meos a focariis suis hac ratione, fictisque adulationibus spoliari nolo. »

§ IX. — *Fideicommis tacite.*

L'accomplissement d'un fidéicommis tacite consti-tuait une nouvelle cause d'indignité, En effet on voyait là une manœuvre qui avait pour but d'éluder les lois contre les incapables, qui par ce moyen dé-tourné auraient reçu ce que la loi défendait de leur donner directement.

Les cas d'incapacités étaient nombreux sous l'em-pire des lois caducaires, les Cœlibes, les Orbi étaient incapables les uns pour le tout, les autres pour moitié. Entre époux la quotité disponible variait suivant le nombre des enfants, pour le reste, il y avait incapa-cité de disposer et de recevoir.

Mais si d'un côté la faculté de disposer de ses biens par acte de dernière volonté rencontrait de si nombreuses entraves, de l'autre, le testateur avait près de lui un moyen facile d'éluder la loi, je veux parler des fidéicommis. Les fidéicommis libres, c'est-à-dire non sanctionnés par la loi sous la république devinrent obligatoires sous Auguste, et lorsque les lois Julia et Papia Poppœa eurent rendu si nombreux les cas d'incapacité, les fidéicommis devinrent très-fréquents. Aussi nos interprétes du droit Romain avaient-ils pensé que les lois Papiennes devaient avoir prévu ce moyen de fraude. Heineccius (*ad leg. Papiam Poppœam. Cap. IX*) va plus loin, et il nous donne aux termes près le passage de ces lois qui punissait ceux qui avaient voulu se servir d'un fidéicommis tacite pour éluder les prohibitions qu'elles contenaient d'autre part : « Si quis heres legatariusve in fraudem harum legum a testatore tacite rogatus sit ei restituere qui per has leges capere prohibetur, isque sciens dolo malo tacitam fidem testatoris accommodaverit, hereditate legatove sibi relicto privator, eaque populo vindicantor. »

Mais la découverte du manuscrit de Gaïus est venue nous montrer que les lois Julia et Papia Poppœa ne contenaient aucune disposition semblable, et que bien loin de là jusqu'à ce que le sénatusconsulte Pégasien eut été rendu, les incapables pouvaient pouvaient *capere ex fideicommisso*. Les *peregrini* pouvaient, dit Gaïus, recevoir des fidéicommis, ce fut là pour

ainsi dire l'origine de cette institution : mais plus tard
ils cessèrent de le pouvoir, et d'après un sénatusconsulte rendu sous Adrien, ces fidéicommis furent attribués au fisc. Pour les *cœlibes* qui sont incapables d'a-
près la loi Julia de recevoir soit une hérédité, soit un
legs, ils pouvaient autrefois recevoir un fidéicommis. De
même pour les *Orbi ;* mais le sénatusconsulte Pégasien, rendu sous Vespasien, a défendu qu'ils pussent
recevoir un legs ou une hérédité, voire même un fidéicommis, et ce furent les *patres* qui durent en profiter, et s'il n'y avait pas de *patres*, tout cela passait
ad populum sicuti juris est in legatis et in heredita-
tibus.

Faisons cependant quelques observations sur ce
texte. D'abord il n'est pas probable que le préteur ait
jamais voulu donner les mains à cette fraude qui con-
sistait à éluder la loi par un fidéicommis. M. Machelard (Accroissement entre héritiers. Revue historique
nov. et déc. 1858, page 558) pense qu'en cas pareil
il n'interposait pas son autorité pour forcer l'exécution des fidéicommis faits en faveur d'incapables,
et que dans ce cas les fidéicommissaires n'avaient
pour sûreté de la restitution comme du temps de la
république, que la bonne foi de celui qui était chargé
de rendre.

Gaïus dit en terminant que les fidéicommis faits à
des incapables passent aux *patres*. Cependant la loi 60,
de Legatis 2°, décide autrement. Elle prévoit le cas d'un
fidéicommis mis à la charge d'un légataire, et qui n'a

pu produire son effet, le fidéicommissaire étant mort *pendente conditione*. « Fideicommissum deficiens apud Seium (le grevé) manet, non ad heredem pertinet; quia in fideicommissis potiorem causam habere eum, cujus fides electa sit, senatus voluit. » De même L. 10, § 1, *de his quæ ut indignis*. D. le fidéicommissaire capable lors de la confiction du testament, devient incapable lors de la mort du testateur. « Non dubito quin etsi deficit fideicommissum, apud eum tamen qui rogatus sit restituere, manere debet. » M. Machelard *(loco citato)* explique les textes et en donne la conciliation. Deux espèces sont prévues : celui qui est chargé de restituer est-il l'héritier ? Dans ce cas, si le fidéicommis est fait à un incapable, les *patres* en recueilleront le profit ; est ce tout autre que l'héritier ? Ce sera lui qui gardera le montant du fidéicommis.

Tel était le droit pour les fidéicommis ordinaires, c'est-à-dire pour ceux qui ne présentaient pas les caractères que nous allons étudier tout à l'heure. Mais quand il s'agit de fidéicommis tacites, la loi devient plus sévère. Non-seulement le fidéicommis ne produit pas son effet, mais celui qui en a été chargé est déclaré indigne. Cela se comprend parfaitement, d'ailleurs ; car la répression devient beaucoup plus difficile quand il s'agit de fidéicommis tacite ; et puis l'intention de frauder la loi n'est pas aussi manifeste quand on déclare ouvertement à qui on veut faire un fidéicommis, que si on prend des détours, et si on dissimule sa volonté. Il fallait donc que la peine fût plus forte. Ulpien nous fait connaître quels étaient les effets du fidéicommis tacite à l'égard de celui qui en était chargé. Ulpien (*Reg.* t. 25, § 17.) Il était privé du *jus caduca vindicandi;* il ne pouvait prétendre à aucun droit, même à celui qu'il avait à la quarte, sur les objets compris dans le fidéicommis qui étaient attribués au fisc.

Il nous reste à savoir ce que c'est qu'un fidéicommis tacite, et à en étudier les caractères.

1° Le fidéicommis doit avoir été laissé secrètement, soit au moyen d'une promesse verbale obtenue de celui que l'on en charge, soit au moyen d'une promesse écrite. La l. 3 *proœm. de jure fisci,* explique ce point. « Fraus legi fieri videtur, quotiens quis neque testamento, neque codicillis rogaretur; Sed domestica cautione, et chirographo obligaret se ad præstandum ei qui capere non potest. » Cependant il peut arriver que le testament lui-même fasse mention du fidéicommis; et que cependant il y ait encore dans ce cas fidéicommis tacite ; c'est quand le testament ne contient pas l'indication exacte de la chose donnée, et le nom du fidéicommissaire. L. 40. *de jure fisci.* N'est pas déclarée suffisante la mention : « Rogo fundum Titio des, de quo te rogavi. »

2° Pour que l'indignité fût prononcée, il fallait que celui qui était chargé de restituer ait accepté. On ne pouvait pas punir un héritier ou un légataire de ce qu'il avait plu au testateur de le charger d'un fidéicommis tacite. Comment arrivait-on à prouver qu'il y avait en acceptation ? Les textes nous disent, soit *domestica cautione*, soit *chirographo*. On admet d'ailleurs toute espèce de preuve, sauf les présomptions. (l. 3, p 3, *de jure fisci*). La l. 5, *de his quæ ut indig.* cite le cas d'un gendre qui institue son beau père comme héritier, il y a présomption que c'est un fidéicommis tacite en faveur de sa femme ; mais ce n'est pas une preuve suffisante : *sola ratio pateræ affectionis non admittit.*

3° Il faut enfin pour qu'il y ait fidéicommis tacite entraînant l'indignité, le *consilium* et l'*eventus*. Si, par exemple, le fidéicommissaire était capable, quand le fiduciaire a promis de restituer, ce dernier ne serait pas considéré comme indigne, si au moment de l'ouverture de la succession, le fidéi-commissaire était devenu incapable ; parce qu'il n'y aurait pas eu *consilium fraudis* (l. 10, p. 1, *de his quæ ut indig.* D.). De même si le fidéi-commissaire était incapable au moment où le fiduciaire a contracté sa promesse, et qu'au moment de la mort du testateur, il fût devenu capable, il n'y aurait pas encore indignité, parce que l'*eventus* aurait manqué (L. 3, § 2, *de jure fisci*). Il en serait de même, si le fidéicommissaire incapable au moment de la promesse, venait à mourir avant le moment de l'ouverture de la succession ; « Apud Scævolam Claudius notat ; si vivo testatore decesserit is, cui illicite legatum relictum est, non fisco hoc vindicatur ; sed apud eum a quo relictum est, remanet. » (L. 25, § 1. *De his quæ ut indig.* »)

Observons ici que nous n'avons pas à appliquer la règle Catonienne ; car : « Ad novas leges non pertinet regula Catoniana. » (Ulp. L. 5, *de Reg. Catoniana*).

Bien que les trois conditions que nous avons énumérées plus haut se rencontrent, l'indignité n'est pas toujours forcément encourue. Il y a exception d'abord quand le fiduciaire était dans une position telle qu'il n'a pas pu ne pas promettre. Il était, par exemple, fils de famille, et le testatenr était son père. Ou bien encore c'était un esclave auquel le testateur imposait la charge de restituer, et qui l'acceptait. La puissance paternelle ou dominicale faisant au fils ou à l'esclave un devoir de l'obéissance, *necessitatem parendi habuerunt*, et ils ne sont pas indignes. (L. 10 *de his quæ ut indig. in fine.* D. L. 13, *ad legem Falcid.*).

Il n'y aurait pas non plus indignité si ce que le fiduciaire s'est engagé à restituer provient non pas d'une libéralité du testateur, mais de ce qu'il recueillera *jure successionis* : « Patronus si tacite in fidem suam recipiat, uter portione sua præstet, cessare fraudem dicitur ; quia de suo largitur. » La L. 23, *de his quæ ut indignis*, D. prévient qu'il ne faut pas appliquer cette décision au droit qu'a le fiduciaire sur la quarte Falcidie ; bien qu'il tienne ce droit de la loi. En effet, et avant tout c'est la libéralité du testateur qui est cause que la loi lui accorde un droit ; s'il n'était pas fiduciaire, il n'en aurait aucun à la quarte, or c'est le testateur qui l'a institué fiduciaire (L. 23 *de his quæ ut indignis*. D).

SECTION II

CAUSES D'INDIGNITÉ RÉSULTANT DE LA NÉGLIGENCE DE LA PERSONNE DÉCLARÉE INDIGNE.

§ 1. — *Négligence dans la poursuite du meurtre du défunt.*

C'est un devoir de reconnaissance pour l'héritier d'une personne qui périt de mort violente, de rechercher les auteurs du crime et d'en poursuivre le châtiment. Cette obligation, ce *debitum pietatis officium*, n'était pas purement moral, on avait créé une sanction ; c'est là ce qui constitue le nouveau cas d'indignité que nous allons étudier.

Paul L. 21, *de his quæ ut indig.* D. s'exprime ainsi : « Portiones eorum fisco vindicantur qui mortem libertorum suspecto decedentium non defenderunt. Omnes enim heredes, vel eos qui loco heredis sunt, officiose agere circa defuncti vindictam convenit. » L'explication de ce texte montrera quand l'indignité est encourue, et quel est le devoir de l'héritier quand le défunt a péri de mort violente.

« *Omnes enim heredes...* » Tous les héritiers, soit légitimes, soit testamentaires, « *vel eos qui loco heredis sunt...»* c'est-à-dire les *bonorum possessores* qui ne sont pas héritiers d'après le civil, doivent venger le meurtre du défunt. Il faut cependant faire une restriction relativement au fisc qui n'est pas tenu de cette obligation, quand il vient à la place d'un indigne, par exemple pour l'une des causes que nous avons déjà énumérées. Dans ce cas en effet, l'*officium pietatis* n'a plus sa raison d'être, et si le fisc avait un devoir de reconnaissance à remplir envers quelqu'un, ce serait plutôt envers l'indigne de qui il tient la succession qui lui est déférée, qu'envers le défunt qui ne l'avait pas choisi comme héritier.

« *Officiose agere circa defuncti vindictam.* » Il s'agit de poursuivre le meurtrier et de le faire condamner. Le fondement de cette obligation, c'est d'après les jurisconsultes un devoir de reconnaissance qu'ils traduisent par ces mots: *officium pietatis, honestati convenit.* (Paul. sent. lib. iii, Tit. 5, § 2). En effet ne serait-ce pas donner la marque de la plus grande ingratitude, que de laisser impuni le meurtre de celui qui fut votre bienfaiteur ?

Telle est certainement la raison qui a fait prononcer l'indignité dans ce cas. On en a donné une autre plus hypothétique, mais qui, cependant, justifie très-bien cette décision. Il n'y avait pas à Rome de ministère public; chaque citoyen avait le droit d'accusation ; mais ce droit on négligeait de l'exercer quand le coupable était un homme puissant. D'ailleurs souvent on n'y avait qu'un intérêt médiocre. Certainement la victime d'une tentative de meurtre une fois revenue à la vie doit avoir fort à cœur de tirer vengeance de l'attentat dirigé contre elle ; mais si, au contraire, la victime est morte, son héritier peut souvent être bien loin d'avoir le même désir d'arriver à la punition du coupable. Ce fut pour assurer la répression des crimes, et arriver à en punir les auteurs, quels qu'ils fussent, qu'on décida que les héritiers rempliraient le rôle du ministère public chez nous, et l'accusation qui pour les autres citoyens était un droit, devint un devoir pour l'héritier. Il devait, en effet, pour suivre le coupable devant les tribunaux et requérir sa condamnation C'était là un intérêt d'ordre public, de la sauvegarde duquel l'intérêt privé de l'héritier était garant.

C'est dans le sénatus-consulte Silanien que nous trouvons pour la première fois la trace du cas d'indignité qui nous occupe. Mais les auteurs ne sont pas d'accord sur la date de ce sénatus-consulte. Cependant, il paraît certain qu'il a été rendu sous Auguste. En effet, on trouve comme contemporains de l'empereur Commode deux consuls du nom de Silanus, c'était là une raison de douter, car on en trouve aussi plusieurs du même nom sous Auguste. Ce qui nous fait admettre que c'est sur la proposition de l'un de ces derniers que le sénatus-consulte Silanien a été rendu, c'est que nous voyons (L. 13, *de S. C. Silaniano*, D.) que le délai d'application du S. C. est restreint à 5 ans, à partir du décès de la victime, sous le consulat de Taurus et de Lepidus ; et d'après Cassiodore ces deux consulsvivaient sous Auguste et succédèrent à Silanus et à Dolobella. Mais d'un autre côté il y eut sous Auguste plusieurs consuls du nom de Silanus ; l'un deux eut Auguste pour collègue, un autre fut deux fois consul et eut pour collègues T. Furnius et C. Dolobella. Aussi suis-je d'avis que si on peut assurer que le Silanien a été rendu sous Auguste, on ne saurait affirmer l'époque exacte de sa date, ni le nom du collègue de Silanus. Je conviens cependant qu'il y a de graves présomptions pour croire que le S. C. a été rendu sous le consulat de Junius Silanus et de Cornélius Dolabella, puisque ceux-ci précédèrent immédiatement Taurus et Lépidus dans le consulat : Un autre sénatus-consulte, le Claudien, qu'on appelle aussi Néronien et Pisonien est venu étendre le Silanien sur quelques points de détail.

Ulpien dans la L. 1, p 1, de S. C. *Silaniano*, s'exprime ainsi : « Cum aliter nulla domus tuta esse possit, nisi periculo capitis sui custodiam dominis, tam a domesticis, quam ab extraneis, præstare servi cogantur ideo senatus-consulto introducta sunt. » Le devoir des esclaves est donc de défendre leur maître, et leur tête répond de l'accomplissement de ce devoir. De plus, ils devaient dénoncer le coupable, s'ils le connaissaient, et cela sous peine de se voir infliger la tortures. La rigueur d'une pareille législation semble fort injuste, et c'est avec raison. Cepen dant on peut arriver à la justifier jusqu'à un certain point. Il y avait à Rome une quantité considérable d'esclaves. Leur grand nombre était pour les citoyens une cause de crainte perpétuelle. Déjà par la guerre servile, ils avaient mis la république à deux doigts de sa perte, il fallait donc prendre des précaution contre un danger sans cesse menaçant ; de là le S. C. Silanien, dont les rigueurs peuvent ainsi trouver leur explication. D'un autre côté on soumettait en cas de mort violente de leur maître, les esclaves à la question. Mais il ne faut pas croire que ce mot soit synonime de torture : « Quœstionem autem sic accepimus, non tormenta tantum sed omnem inquisitionem et defensiomen mortis.» C'était donc pour ainsi dire une instruction sommaire, d'après laquelle on décidait s'il y avait lieu ou non d'appliquer la torture aux esclaves; il y avait interrogatoire, et les esclaves pouvaient opposer les preuves qu'ils avaient à l'appui de leur innocence. Que si de l'enquête il ressortait qu'ils connaissaient le coupable, on employait les moyens nécessaires pour en obtenir l'aveu.

Enfin Adrien alla plus loin : il décida dans une lettre adressée à S. Sabinus qu'il y aurait lieu d'appliquer la torture que si l'on soupçonnait déjà le coupable, et que l'aveu seul des esclaves manquât pour le convaincre de son crime. (L. 1 p. 1, *de Quœstionibus*. D.)

Quant à la peine de mort que les esclaves encouraient s'ils n'avaient pas défendu leur maître, il y avait aussi des cas dans lesquels elle n'était pas encourue. C'était,

par exemple, et cela est de toute justice, s'il leur avait
été impossible de lui porter secours. C'est ce qu'on
décide par a contrario , 19, Pr. *de S. C. Silaniano.*
« Cum dominus occiditur, auxilium ei familia ferre
debet et armis, et manu, et clamoribus, et objectu
corporis. Quod si, *cum posset*, non tulerit, merito
supplicium sumitur. » Par application de ce principe
on décidait que le S. C. n'était pas applicable aux
esclaves, s'ils n'avaient pas pu entendre les cris de
la victime ; de même s'ils étaient d'une vieillesse trop
avancée ou d'un âge trop tendre, muets ou aveugles.
(L. 1, § 32, *ad S. C. Silnianum*).

Enfin le S. C. ne s'appliquait pas sans qu'on prît
en considération le genre de mort à laquelle le maître
avait succombé ; on appliquait encore ici le principe
cité plus haut. Il fallait qu'il ait été possible que les esclaves portassent secours. Le maître, à leur insu, a
été empoisonné ; il n'y avait aucun reproche à leur
faire. Citons à ce propos la L. 1, § 18, *de S. C.
Silaniano. D.*, elle résumera tout ce que nous venons
de dire : « Quod si quis venenis, vel quo alio quod
clam necare soleat, interremptus sit ; ad hoc Senatus-
consultum vindicta mortis ejus non pertinebit. »

Après ces détails préliminaires, revenons au cas
d'indignité qui nous occupe. Si une personne a péri
de mort violente, et que d'après les circonstances
il y ait lieu de soumettre les esclaves à la question,
l'héritier ne peut ni ouvrir le testament, ni faire adition d'hérédité avant de s'être conformé au S. C.

Silanien. Que s'il a négligé cette prescription il sera déclaré indigne. (L. 6, § 18, *de S. C. Silaniano* V. D.) Des considérations de deux sortes ont conduit à cette décision ; d'abord si l'héritier eût pu faire adition avant ces formalités, il aurait négligé de rechercher les preuves du crime ; il aurait cherché à dissimuler la culpabilité des esclaves qui devaient lui appartenir, et qui pouvaient être d'une grande valeur (L. 3, § 9, *de S. C. Silaniano* D.) De plus il n'était pas permis de soumettre les hommes libres à la torture ; or par l'adition les esclaves affranchis dans le testament devenaient libres, ils ne pouvaient plus être soumis à la torture, et on se trouvait par là privé d'un moyen de preuve.

La défense d'ouvrir le testament est édictée non-seulement contre l'héritier, mais aussi contre toute autre personne pourvu qu'il y ait eu fraude. La peine dans ce cas était une amende de cent sous d'or, dont moitié pour le trésor, moitié pour celui qui avait dénoncé la contravention (L. 25, § 2. L. 27, *de S. C. Silaniano* D.). On ne pouvait, comme nous l'avons déjà dit, poursuivre la contravention à l'édit qui défendait l'ouverture du testament ou l'adition, que pendant cinq ans. Passé ce temps, il y avait prescription. (L. 13. *de S. C. Silaniano* D.).

Telle est la première mention que nous rencontrons dans la législation Romaine, relative à la vengeance que tout héritier doit tirer du meurtre de celui à qui il succède, mais le S. C. Silanien n'embrasse guère qu'un devoir imposé à l'héritier pour un cas particulier. Ce n'est que l'application d'un principe plus général : L'héritier doit venger la mort du testateur ou de celui auquel il succède, cependant le sénatusconsulte est probablement plus ancien que le principe.

Il nous reste à dire quelques mots du principe. Nous l'avons vu posé L. 21, *de his quæ ut indig* D. L'héritier doit poursuivre la punition du coupable, quel qu'il soit ; il n'y a pas à distinguer si ce coupable est esclave ou homme libre ; ni si la victime est morte empoisonnée ou assassinée. Dans tous ces cas, l'obligation de l'héritier reste la même (L. 5, *ad S. C. Silanianum*. D. L. 9, *de his quibus ut indig.*, Code). Il ne suffisait pas à l'héritier d'avoir déféré le coupable à un tribunal, il devait suivre l'affaire, et même si le coupable, jugé comme tel appelait de la sentence devant un tribunal supérieur, il devait l'y suivre (L. 6, *de his quibus ut indig.*, Code). Mais si, au contraire, celui qu'il avait cru coupable était absous en première instance, il s'établissait en sa faveur une présomption d'innocence, dont l'effet était de ne pas obliger l'héritier à pousser l'affaire plus loin, et à aller en appel (L. 2, § 2, *de S. C. Silaniano* D.)

De même qu'on avait établi une capacité exceptionnelle pour pouvoir se porter accusateur dans le cas qui nous occupe, et que les esclaves comme les hommes libres, les femmes comme les citoyens pouvaient demander la punition du meurtrier, (L. 11, *de accusat.* L. 21, § 1, *de S. C. Silaniano,* D.); de même on avait admis certaines excuses en faveur de certains incapables. Ainsi le mineur de 25 ans n'était pas déclaré indigne, bien qu'il ait négligé de poursuivre la vengeance du meurtre de celui auquel il succédait (L 6, *de his quibus ut indig.* Code).

Il reste une question à examiner, c'est celle qui consiste à savoir si les légataires sont obligés, comme l'héritier, à rechercher le coupable, et à le faire condamner. Au premier abord il semble qu'on devait décider que c'était pour eux un devoir. N'ont-ils pas comme lui une dette de reconnaissance à remplir ? Et ce devoir devrait même être plus impérieux pour eux qui tiennent leur legs de la bienveillance du testateur, que pour l'héritier légitime par exemple, qui a sur la succession de son père un droit que celui-ci ne lui a pas donné. Il lui succède plutôt parce qu'il ne l'a pas déshérité, que parce qu'il a eu l'intention de l'avoir pour héritier. Cependant on ne saurait accepter cette décision en présence des termes de la loi 21, *de his quæ ut indig.* D. En effet cette loi ne parle que des héritiers et de ceux *qui loco heredis sunt;* et comme il s'agit d'une peine, on ne saurait étendre la déchéance sous le prétexte qu'il y a même raison de décider. On a essayé de justifier cette décision en disant que si l'héritier était tenu de la vengeance du meurtre, c'est qu'il continue la personne du défunt, et que le légataire ne saurait le faire au même titre.

§ 2. — *Inexécution des volontés du défunt.*

C'est une cause d'indignité très commune que celle qui consiste non pas à attaquer expressément la volonté du défunt, mais à ne pas s'y soumettre ; soit qu'on agisse à l'encontre de ce qu'il a prescrit, soit qu'on omette ce qu'il a ordonné de faire : « omnibus qui contra voluntatem defuncti faciunt, ut indignis aufertur hereditas» (Paul, *Sentent. lib.* 3, *tit.* 5, § 13). L'indignité ne serait cependant pas encourue si les volontés du testateur étaient impraticables ou contraires aux lois.

Le premier cas qui soit présenté par les jurisconsultes, c'est celui où un légataire a refusé de gérer la tutelle qui lui était déférée par le testament. Cette décision est facile à comprendre. D'abord celui qui refuse de gérer la tutelle ou qui vient s'en faire excuser montre peu de respect pour les dernières volontés du défunt, et à ce titre déjà il devrait être exclu du bénéfice des dispositions faites en sa faveur. Mais il y a une autre raison beaucoup plus probante, et qui explique même le cas où le tuteur tutamentaire oppose une cause légitime, c'est qu'il y a présomption que le legs a été fait pour récompenser le tuteur des charges que fera peser sur lui la tutelle. S'il ne gère pas la tutelle, que ce soit par mauvaise volonté ou parce qu'il peut opposer une excuse légitime, il n'a pas droit au legs.

Cependant cette présomption n'est pas invincible, si on prouve que l'intention du testateur a été que le légataire conservât son legs, qu'il acceptât ou non la tutelle (L. 32 *in fine de excusat.* D.) Il en serait de même si le légataire avait outre la qualité de tuteur, un autre titre qui expliquât la libéralité à lui faite par le testateur.

Il faut étendre ce que nous venons dire en raisonnant dans l'hypothèse d'un legs à l'institution d'héritier faite à la même condition, mais il ne suffit pas de simples suppositions, et en dehors de ce que nous venons de dire, il ne faudrait pas induire de certaines circonstances la volonté du défunt de maintenir le legs au légataire malgré son refus et son excuse. Paul exige même que l'indignité soit toujours prononcée : « Nisi evidenter pater expresserit, velle se dare, etiamsi tutelam non administravit, semper enim legatum aut antecedit aut sequitur tutelam. »

Nous n'avons jusqu'à présent examiné la question qu'au point de vue d'un tuteur testamentaire donné par un père de famille au fils de famille impubère ; mais nous savons qu'il y a d'autres cas où la tutelle testamentaire peut se rencontrer. Par exemple, le père de famille peut nommer un tuteur à son fils émancipé, la mère peut désigner un tuteur pour ses enfants, un étranger pour un impubère auquel il laisse des biens. Mais dans tous ces cas, il fallait que ce choix fût confirmé par le préteur. Cette intervention aurait pu enlever à la tutelle son caractère de tutelle émanant de la volonté du défunt, puisque pour ainsi dire, c'était le préteur qui admettait ou refusait le tuteur désigné. Dans cette opinion on aurait pu jusqu'à un certain point admettre que le refus ou l'excuse n'étaient plus une cause d'indignité. Mais la L. 32 *de excusat.* nous donne une solution contraire. Voici l'hypothèse soumise par Nesennius Apollinaris à Paul : Une mère a institué son fils impubère comme héritier ; ou bien encore un étranger quelconque a institué comme héritier un impubère. On a laissé un legs à Titius, en le désignant comme tuteur de l'impubère. Le préteur confirme la nomination de Titius ; mais celui-ci s'excuse de la tutelle. A-t-il encore droit au bénéfice du legs ? Non, il doit en être privé. C'était d'ailleurs l'avis de Scœvola; car le préteur en confirmant ne fait que suivre la volonté du défunt. Il n'était pas nécessaire que l'excuse invoquée par le tuteur portât sur la tutelle entière : l'indignité était également encourue si l'excuse portait sur une partie de la tutelle, comme par exemple à l'égard des biens situés en Italie, ou dans les provinces« Etiam si partis bonorum se excusaverit tutor (puta Italicarum, vel provinciarum rerum) totum, quod testamento datum est, ei aufertur; et ita divi Severus et Antoninus rescripserunt » (L. 111 *de legatis* 1°. D). Il faudrait décider de même, si l'un des tuteurs nommés dans le testament n'a pas administré et a laissé toute la charge à ses cotuteurs ; et cela, bien qu'il n'ait invoqué aucune excuse. Enfin, à bien plus forte raison il faudra déclarer indigne celui qui a été écarté de la tutelle comme indigne. (L. 35 *de excusat. D.*)

La L. 5, § 2, *de his quœ ut indig.* nous apprend qu'une fois que le tuteur testamentaire avait accepté le legs, il ne pouvait plus proposer d'excuse. « Sed si consecutus fuerit (legatum) non admittitur ad excusationem. »

Quand on dit que le tuteur testamentaire perd tout droit aux avantages à lui faits dans le testament du défunt, il faut d'après la L. 36, *de excusat. D.* faire une exception pour la *substitut. pupil.* Voici la raison qu'en donne Paul: La charge de tuteur devant finir par la mort du pupille on ne pouvait pas penser que la substitution eût été faite en considération de la tutelle. Cette raison n'est pas bonne, car la différence que présente pour le tuteur le bénéfice qu'il tirera de la substitution pupillaire de celui qu'il tirera d'un legs, par exemple, c'est que dans le premier cas, c'est un avantage casuel, qui dépend du hasard, conditionnel, et que le tuteur ne pourra retirer que si le pupille vient à mourir étant encore impubère. Dans le second c'est un avantage certain. En un mot on pourrait dire ici qu'il y a toujours présomption d'avantage fait en vue de l'acceptation de la tutelle, mais que l'un est certain, tandis que l'autre est incertain. Et alors on ne voit pas pourquoi la décision n'est pas là même dans un cas comme dans l'autre.

Il faut noter ici une différence d'avec les autres cas d'indignité. Ordinairement, c'est le fisc qui profite de ce qui devait revenir à l'indigne, ici c'est le pupille.

« Ei (indigno) quidem legatum aufertur, pupillo autem adsignatur, cui illo utilis esse noluit. » (L. 26, Cod. *de legatis*).

Le second cas d'inexécution des volontés du défunt, c'est celui où le légataire ou l'héritier que le testateur avait chargé de l'éducation du pupille avait refusé cet emploi. « Certe non maledicetur si legatarius vel heres educationem recuset testamento sibi injunctam, denegari ei actiones debere exemplo tutoris testamento dati. » D'ailleurs il faut faire ici les mêmes distinctions qu'en cas de refus de la tutelle testamentaire ; c'est-à-dire que la présomption que le legs ou l'institution est la récompense du service qui doit être rendu par le légataire ou l'héritier n'est pas invincible et que la preuve contraire est admise.

Il existait avant l'empereur Alexandre, un autre cas dans lequel l'inexécution des volontés du défunt entraînait l'indignité. C'était relativement aux funérailles. Les Romains tenaient en grand honneur d'avoir les funérailles les plus riches possible. C'est dans ce but, et pour prouver leur magnificence qu'ils multipliaient les affranchissements testamentaires, pour que le cortège fût précédé d'un plus grand nombre d'esclaves affranchis. On dut mettre un frein à ces prodigalités pour lesquelles les Romains avaient d'autant plus de goût qu'elles ne devaient produire leur effet qu'après leur mort, c'est-à-dire, à un moment où ils n'en subiraient pas les effets désastreux. De même dans leur testament ils inscrivaient souvent des dispositions exhorbitantes et excessives pour donner plus de pompe et de richesse à leurs funérailles. A l'origine l'héritier qui n'obéissait pas à ce que le défunt avait prescrit était déclaré indigne, mais l'empereur Alexandre, dans une constit. qui forme au Code la L. 5 *de his quibus ut indig.* supprima cette cause d'indignité.

Faisons remarquer en terminant qu'il ne faudrait pas considérer comme une désobéissance aux dernières volontés du défunt le refus d'accepter l'hérédité, si par exemple une personne est instituée héritière pour partie, et légataire ; elle peut renoncer à sa qualité d'héritière pour ne conserver que celle de légataire. Voici la raison qu'en donne Papinien, (L. 87, *de leg.* 1°. D.) : « Non enim impugnatur judicium ab eo, qui justis rationibus noluit negotiis hereditariis implicari. » C'est un avantage qu'a voulu faire le testateur, et il ne serait pas juste que le refus de profiter de cet avantage pût tourner au détriment du légataire (L. 89 *de leg.* 1°. L. 12, Code, *de legat.*) Mais Marcien (L. 88 *de legat.* 1° D.), fait observer que la décision ne serait plus la même si le testateur n'avait pas voulu que le legs pût être recueilli sans l'hérédité : « Et hoc ita est, licet non conditionaliter non expressisset, intellexisse tamen manifestissime adprobetur. »

SECTION III.

CAUSES D'INDIGNITÉ RÉSULTANT DE LA VOLONTÉ DU TESTATEUR.

La série de cas d'indignité, que nous allons examiner, repose sur cette idée que le testateur ayant changé d'intention à l'égard de l'héritier, celui-ci ne doit retirer aucun bénéfice de la succession. Si le testateur avait employé pour manifester son changement de volonté les formes prescrites par la loi, alors il n'eût pas été nécessaire de déclarer l'héritier indigne, il fût devenu, par le même fait de la révocation, étranger à la succession ; mais comme dans le cas que nous allons étudier, il a employé des moyens que la loi ne reconnaît pas comme suffisants pour enlever à un héritier le bénéfice d'une institution, il a fallu cependant, pour assurer le respect de la volonté du défunt, décider que l'héritier serait indigne, et que le fisc pourrait revendiquer sa part.

§ 1. *Cas dans lequel le testateur institue dans un second testament des personnes incapables. — Situation des premiers institués.*

Si un testateur, dans un testament postérieur, institue des personnes incapables, les institués du testament antérieur sont considérés comme indignes, « quia non habuerunt supremam voluntatem (testatoris), » (L. 12, *de his quæ ut indig. D.*) Quand un testament a été fait valablement, il faut, pour le révoquer, un autre testament valablement fait, c'est-à-dire, qui contienne une institution en vertu de laquelle il pourra y avoir un héritier. « Posteriore quoque testamento, quod jure perfectum est, superius rumpitur. Nec interest, extiterit aliquis hœres ex eo, an non : hoc enim solum spectatur, an aliquo casu existere potuerit. » (Instit. *Quibus mod. test. inf.* § 2). Si donc un testateur, dans un second testament, institue des personnes incapables, le premier testament n'est pas rompu, puisque le second ne saurait créer un héritier. Cependant le testateur a montré que son intention était que les premiers institués ne profitassent pas de l'hérédité : Voici comment le Sénat a tranché la difficulté. Ni les premiers institués (*qui non habuerunt supremam voluntatem*) ni les seconds (*quia eos instituere non potuerat testator*) ne recueillent l'hérédité, elle sera déférée au fisc, c'est-à-dire qu'on déclare indignes les premiers institués qui seuls auraient en droit aux biens provenant de la succession.

La loi 36, § 30, *de test. milit.* donne une décision différente de la loi 12, *de his quæ ut. indig. D.* On a prétendu que cette loi 36 diminuait la portée de la loi 12. Cujas (*quæst. Pap. lib.* 16) a même été jusqu'à dire que notre loi 12 ne s'appliquait qu'à un cas particulier sur lequel le Sénat avait été appelé à décider, et que pro-

bablement ici venait s'ajouter à cette circonstance que
le défunt avait changé de volonté à l'égard des premiers institués, cette autre que les seconds n'avaient
été institués qu'en haine des premiers. Telle n'est pas
mon opinion. Je pense que la portée de la loi 12, *de
his quæ ut indig. D.* est générale, et que la loi 36 *de
test. militis,* concerne un cas tout différent de celui
dont nous nous occupons. Voici l'espèce : Un vétéran
sur le point de mourir a déclaré qu'il voulait que le
testament qu'il avait fait « jure communi tempore
militiæ » fût « irritum » et que son intention était de
mourir intestat. On a décidé que dans ce cas les ins-
titutions d'héritier, les substitutions n'en subsisteraient
pas moins, mais qu'on pourrait opposer l'*exceptio doli
mali* aux légataires. Et cependant, ni les institués,
ni les substitués n'ont eu la *suprema voluntas defuncti?*

Cela est vrai, mais nous savons qu'en matière de
testaments : « Ex eo autem solo non potest infirmari
testamentum, quod postea testator id noluit valere. »
Les *milites* ont, il est vrai, de grandes prérogatives
relativement à la forme des testaments à ce point que
« Quoquo modo voluntas ejus suprema inveniatur,
sive scripta sive sine scriptura, valet testamentum ex
voluntate ejus. » Mais pour les révocations de testa-
taments, ils sont obligés d'observer certaines formes,
c'est ainsi que pour instituer un héritier, ils peuvent
le faire verbalement (*sine scripturâ*), mais que pour
enlever l'hérédité à un héritier légalement ins-

titué, il faut autre chose qu'une simple déclaration verbale. Voilà ce que décide la loi 36 *de test. milit.* Mais c'est précisément cette différence entre une déclaration écrite et une déclaration verbale qui sépare les deux hypothèses de la loi 36 *de test. milit.* et la loi 12 *de his quæ ut indig. D.* Dans le cas prévu par cette dernière, nous avons un acte qui nous prouve suffisamment que les premiers institués n'ont pas eu la *suprema voluntas defuncti.* Ils sont déclarés indignes. Dans le cas prévu par la loi 36 *de test. milit.*, nous n'avons qu'une déclaration verbale qui n'a pas paru suffisante pour faire preuve d'un changement de volonté de la part du testateur.

Si nous supposions le second testament *jure factum*, les premiers institués ne seraient plus indignes, mais ils seraient complétement étrangers à la succession. De sorte que l'on peut dire que l'institution d'un incapable dans un second testament n'est pas suffisante pour éloigner entièrement les premiers institués, et donner lieu à l'ouverture de la succession ab intestat, mais qu'elle produit cet effet que les premiers institués seront déclarés indignes, et que la succession sera déférée au fisc.

§ II. — *Cas dans lequel un testateur a effacé le nom d'un héritier.*

Si le testateur efface le nom d'un héritier, quel sera le sort du testament? Sur ce point les textes donnant

une solution différente de la loi 4, *de his quæ in testamento delentur D.*, contient ceci : « Paulus notat : Sed
si, ut intestatus moreretur, incidit tabulas (testator);
sed hoc adprobaverint hi, qui ab intestato venire desi-
derant, scriptis avocabitur hereditas. » La solution présentée par Paul, c'est que le testament ne produira aucun
effet. De même, la loi 1 § 8, *si tabulæ testamenti nullæ
extabunt. D.* décide qu'en pareil cas, *ab intestato rem
habituros qui bonorum possessionem acceperunt.* D'un
autre côté, dans la loi 12, *in fine, de his quæ ut indig. D.*,
Papinien rapporte une décision de l'empereur Marc-
Aurèle, qui maintient, au contraire, les legs, et attribue au trésor les biens qui feraient l'objet de l'institution. Il faut donc trouver une conciliation entre ces
textes, et sur ce point, je pense qu'il faut adopter
celle que Cujas a présentée (*Quæst, Papin, lib. 16, ad
leg. 12, de his quæ ut indig.*)

Ces textes ne prévoient pas la même hypothèse. La
loi 14 *de his quæ in test. delent. D.* et la loi 1 § 8, *si
tabul. test. nulla exstab.* donnent la solution de l'hypothèse dans laquelle un testateur voulant mourir intestat, détruit son testament en entier. Dans ce cas, il
y aura lieu à la succession ab intestat, et les legs ne
seront pas payés. En effet, ces textes contiennent ces
mots : *Ut intestatus moreretur voluitque intestato de
cedere*, qui montrent bien quelle était l'intention du
testateur. La loi 12, *de his quæ ut indig.* est relative
au cas où le testateur n'a pas, au contraire, voulu
mourir intestat, il a voulu seulement n'avoir pas pour

héritier celui qu'il avait institué. Alors les legs sont maintenus, l'héritier dont le nom a été effacé devient indigne, et les biens qui faisaient l'objet de l'institution passent au trésor comme biens d'indigne.

Ce n'est pas sans étonnement qu'on voit Marc-Aurèle rendre une semblable décision. Cela prouve la tendance exagérée des empereurs à multiplier les cas dans lesquels l'indignité est encourue. N'eût-il pas été préférable, et beaucoup plus conforme aux principes, de décider que le testament ne produirait aucun effet, et qu'il y aurait lieu à la succession ab intestat. Aussi est-ce avec raison que Monsieur Machelard écrit : « Quand on voit un empereur du renom de Marc-Aurèle qui mérita le titre de philosophe, aussi enclin à prononcer en faveur de l'État, que penser de la condition des citoyens qui étaient en conflit avec le fisc, alors qu'on ne se trouvait pas, suivant les expressions de Pline, *sub bono principe*. » (Revue historique, nov. déc. 1858.)

§ 3. — *Cas dans lequel l'institution est révoquée par un codicille.*

Voici l'espèce qu'il faut supposer, et que nous trouvons dans une constitution de l'empereur Alexandre ; elle forme au Code la L. 4, *de his quibus indig.* D. L'hérédité qu'on a déférée par testament à une personne ne peut lui être enlevée par une lettre ou par un codicille, mais un testateur déclare dans un codicille que sa volonté a changé à l'égard de l'un de ses héritiers la part de celui-ci n'est pas attribuée à ses cohéritiers, le fisc peut la revendiquer ; c'est encore ici un cas dans lequel l'héritier n'a pas la *suprema voluntas defuncti*, et où le législateur a voulu mettre d'accord le droit et l'équité au profit de l'État. En effet l'héritier n'ayant pas la *suprema voluntas defuncti*, ne doit pas d'après les règles de l'équité leur succéder. D'un autre côté, la loi ne permet pas de leur enlever le bénéfice de l'institution par un codicille. Le législateur intervient, et déclare que l'héritier succédera ; mais qu'il ne profitera pas des biens que contient l'hérédité. Le fisc s'emparera de la part de l'indigne.

SECTION IV

DE QUELQUES CAS D'INDIGNITÉ INTRODUITS PAR LES NOVELLES.

Dans les Novelles, on trouve encore quelques cas d'indignité. Justinien dans la préface de la première Novelle, § 1 s'exprime ainsi: « Semper nobis importuni sunt, alii quidem nos pro legatis relictis, non tamen præbitis, adeuntes : alii vero pro libertatibus : alii ob aliud quiddam, quod transmittentes quidem hereditates, dari quibusdam aut fieri constituerunt» Aussi pour obvier à cet inconvénient décide-t-il dans la même Novelle, chap. 1, § 1, que les héritiers qui dans l'année qui suit le décret du juge n'auront pas exécuté les charges que leur impose le testament seront privés de l'hérédité, sauf la légitime qu'ils ont le droit de retenir.

Si cependant la volonté du testateur était contraire aux bonnes mœurs ou à l'ordre public, l'héritier pourrait impunément ne pas s'y conformer ; par exemple, le défunt a ordonné dans son testament qu'on jetât son corps à la mer. L'héritier n'a pas exécuté cet ordre, et pensant que cela était plus conforme à la dignité humaine, il l'a fait enterrer. Modestin pense qu'il faut plutôt louer la conduite de l'héritier que de lui en faire un crime. En effet, il est d'abord peu probable que le testateur soit bien sain d'esprit; et si on a quelque raison de le croire, l'héritier légitime ne pourra pas enlever l'hérédité à l'héritier testamentaire (L. 27, *de condit. Instit.*)

Si cependant la volonté du défunt avait été exprimée sous forme de condition, l'inexécution même de cette condition dans le temps fixé entraînerait la déchéance des droits de l'héritier ; d'ailleurs, c'est encore ici un cas d'indignité dans lequel le fisc ne prend pas directement ce qui revenait à l'indigne. En effet ici, il y aura accroissement pour les autres héritiers de la part de l'indigne ; ou bien elle reviendra aux légataires ou fidéicommissaires, mais le fisc ne vient qu'après eux. La Novelle 115, chap. III, § 12, prévoit un nouveau cas d'indignité : il s'agit de la succession d'une personne tombée en état de folie ou de démence, et que ses héritiers, soit légitimes soit testa-

mentaires ont abandonnée. C'était pour eux une cause
d'indignité, et d'exhérédation. Et si un étranger avait
recueilli le testateur, c'était lui qui prenait la place
de l'héritier institué : « Ita tamen ut cœtera testamenti capitula in sua manent firmitate. »

Enfin le paragraphe suivant du même chapitre,
contient encore une cause d'indignité, qui, comme la
précédente, est basée sur ce que les héritiers n'ont
pas agi *secundum officium pietatis*. Le défunt est resté
longtemps en captivité sans que les héritiers se soient
occupés de l'en faire sortir. Ils sont déclarés indignes
de prendre part à sa succession, qui est dévolue aux
églises de la ville natale du défunt, pour être employée
au rachat des captifs : « Ut unde illi a suis non sunt
redempti, aliorum redemptio procuretur, et ipsorum
quoque animæ et hac causa piissima subleyetur. »
(Nov. 115, ch. 4, § 13).

CHAPITRE III

DES EFFETS DE L'INDIGNITÉ

Nous venons de voir dans quels cas il y a lieu à
prononcer l'indignité. Il nous reste à examiner à qui
sont attribués les biens enlevés à l'indigne, quelles
sont les charges de celui qui profite de cette attribution, quels biens sont enlevés à l'indigne, enfin quelle
est la position de l'indigne quand les biens lui ont été
enlevés.

§ 1er. *De l'attribution des biens enlevés à l'indigne.*

L'effet de l'indignité est d'enlever les biens à l'héritier ou au légataire, et de les attribuer au fisc, c'est ainsi que nous formulons la règle générale ; mais cette règle comporte des exceptions que nous avons d'ailleurs déjà signalées en passant, et que nous ne ferons que rappeler. Quant à leur existence, elle nous eût été révélée par la loi 1, § 12, Code, *de caduc. tollend.*

Première exception. — Le mari meurtrier de sa femme perd la dot qu'il aurait dû gagner, sa femme étant morte avant lui. La loi 10, § 1 *de soluto matrimonio*, décide que cette dot ne sera pas dévolue au fisc, mais qu'elle appartiendra aux héritiers de la femme.

On s'est demandé pourquoi la solution n'était pas la même, et pourquoi le fisc était préféré aux héritiers de la femme, quand le mari avait négligé de venger le meurtre de celle-ci ? Voici le texte de la loi 27 *de jure fisci* : « Cum mortem maritus uxoris necatæ non defendit, divus Severus rescripsit dotem fisco vindicandam : Prout ad maritum pertineat. » Cujas donne une explication qui n'est pas la bonne : Dans le cas où le mari est meurtrier, dit-il, son indignité existe au moment même du décès de sa femme, et les héritiers acquièrent à ce moment même un droit à la répétition de la dot. Dans le second cas, au contraire, l'indignité ne naît qu'après le décès de la femme ; et le droit à la répétition de la dot n'ayant pris naissance qu'après l'ouverture de la succession, les héritiers ne peuvent y avoir aucun droit.

Il y a une autre explication beaucoup plus naturelle, et qui donne en même temps la raison de l'exception qui nous occupe. Quel est le fondement de cette exception ? C'est que le mari ayant par son fait détruit les espérances qu'avaient à la dot les héritiers de la femme, dans le cas où elle survivrait, il est de toute équité que les héritiers reçoivent une indemnité. C'est pour cela que la dot leur est attribuée et que le fisc ne peut y prétendre. Dans le cas, au contraire, où le mari est seulement coupable de négligence dans la poursuite du meurtre de sa femme, les héritiers, de son fait, n'éprouvent aucun préjudice, et par conséquent n'ont droit à aucune indemnité. Alors la règle générale reprend toute sa force, et la dot est dévolue au fisc.

Deuxième exception. — Il s'agit du cas où l'indignité est encourue par un légataire ou fidéicommissaire pour avoir tenu caché le testament du défunt. Le legs ou le fidéicommis n'est pas attribué au fisc, il est considéré *pro non scripto*, et reste à l'héritier, « utqui alii nocendum esse existimavit, ipse suam sentiat jacturam » (Loi 25, Code, *de legatis*). La raison de cette exception, c'est le risque qu'a couru l'héritier ; si le testament n'avait-pas été découvert, il aurait été privé de la succession. Il conserve à titre d'in-

6

demnité le legs ou le fidéicommis fait à l'indigne.

Faut-il faire une distinction pour le cas où le testament aurait été totalement supprimé, de telle manière qu'on ne l'ait jamais retrouvé. Certains auteurs, se fondant sur les premiers mots du texte, *et postea hoc in lucem emerserit*, prétendent que la décision ne sera plus la même si le testament n'est jamais découvert. Ils invoquent de plus à leur appui la loi 26, *de lege Cornelia de falsis*, que nous connaissons déjà. Rappelons l'espèce. Un fils a détruit le testament de son père. Il lui a succédé ab intestat, puis il est venu lui-même à mourir. Marcellus décide : « Justissime tota hereditas paterna heredi ejus eripietur. » Pour moi, je ne vois pas comment de ce texte on peut induire pour le fisc le droit de revendiquer les biens enlevés à l'héritier de l'indigne. Il est évident que le crime est le même, et que le degré de culpabilité est égal pour l'héritier légitime qui détruit le testament ou le cèle de manière à ce qu'il n'est découvert que par l'effet du hasard, ou le fait d'un étranger. Les risques qu'a courus l'héritier inscrit sont les mêmes; il y avait donc dans ces deux cas identiques même raison de décider; c'est probablement aussi ce que le jurisconsulte a voulu exprimer, car il dit bien l'hérédité qui provient de son père sera enlevée à l'héritier de l'indigne, mais à qui sera-t-elle attribuée? Le texte est muet sur ce point. Pourquoi ici ne pas décider *a simili* qu'elle sera attribuée toute entière à l'héritier inscrit, sans en déduire les legs ou fidéicommis faits à l'indigne, car on ne saurait trouver de fondement à l'avis contraire.

Quant à l'argument tiré de ces mots : *in lucem emerscrit*, de la L. 25, Code, *de legat.* ils n'ont certainement pas été mis là comme condition de l'exception qui nous occupe. C'est une circonstance nécessaire pour rendre l'espèce plus simple. En effet, si le testament n'a pas été découvert, comment saura-t-on s'il a été caché? Comment pourra-t-on connaître le nom de l'héritier? A qui attribuera-t-on l'hérédité? Pour faciliter la décision, il fallait donc que le testament fût découvert. Mais si cependant il ne l'est pas, et qu'il y ait un moyen de preuve quelconque de son existence et de la désignation de l'héritier inscrit, par exemple, l'aveu de l'héritier légitime, je dis que dans ce cas l'héridité passera toute entière à l'héritier inscrit, et que le fisc ne profitera pas des legs ou fideicommis faits à l'indigne.

Troisième exception. — Le tuteur nommé par testament, qui refuse ou se fait excuser, devient indigne des libéralités à lui faites dans le même testament; mais ces libéralités ne sont pas attribuées au fisc; elles sont dévolues à l'enfant impubère dont les intérêts sont ainsi mis en péril : « Sed hoc legatum qui tutori denegatur, non ad fiscum transfertur, sed filio relinquitur cujus utilitates desertæ sunt. » Les derniers mots de ce texte nous donnent la raison de cette exception. La libéralité faite au légataire prouvait combien le testateur tenait à ce qu'il acceptât la tutelle de l'impubère, dans la pensée qu'il la gérerait plus utilement qu'aucun autre; par le refus ou la mauvaise vo-

lonté du légataire, l'impubère éprouvait donc un préjudice et c'est pour l'indemniser de ce préjudice qu'on
lui attribuait les biens enlevés à l'indigne.

Quatrième exception. — Elle est relative au cas
d'indignité introduit par les Nouvelles. L'avidité du
fisc qui avait rendu les cas d'indignité si fréquents
était à ce point calmée, qu'il n'a plus de droits sur les
biens enlevés aux indignes. Nous avons d'ailleurs, en
étudiant chaque cas, déterminé à quelles personnes
les biens étaient dévolus.

§ 2. — *Charges imposées au fisc*

Quelle était la position du fisc après avoir recueilli
les biens enlevés à l'indigne ? Comme il acquiert une
universalité, et qu'un ensemble de biens comprend à
la fois un actif et un passif, en même temps qu'il pro-
fitait à l'actif, il était tenu du passif. Il devait donc
payer les dettes de la succession, acquitter les legs et
fideicommis, opérer les affranchissements contenus
dans le testament ; c'est ce que nous apprennent des
textes nombreux : Par exemple : Gaius, dans la L. 9,
de S. C. Silaniano D. L. 5, § 2, *de leg.* 1. L 5, § 4, *de
his quæ ut indig.* D. Ce dernier texte décide même
que si le testateur avait chargé l'indigne d'affranchir
l'un de ses esclaves, le fisc devrait acheter cet esclave,
et lui donner la liberté.

Si cependant la succession était mauvaise ; et que
le fisc ne veuille pas la prendre, que devrait-on déci-

der? La L. 5, § 2, *de legat* 1°, donne la décision: « Quid tamen si fiscus bona non adgnoscat ? Ea necessitate redundabit legatarius ad heredem. » C'est donc sur l'indigne que retombera la charge des dettes et legs.

Enfin le fisc est aussi mis à la place de l'indigne, relativement à la quarte de la loi Falcidie : « Sed ea quarta, quam non retinuit, ad fiscum pertinet, ex rescripto divi Pii. » (L. 59. *ad leg. Falcid.* D.)

§ 3. — *Biens auxquels s'applique l'indignité*

Examinons maintenant sur quels biens porte l'indignité — jusqu'où elle étend ses effets. Un père ou un maître institué héritier dans un testament a encouru l'indignité ; cependant un legs ou un fidéicommis a été laissé par le même testament au fils ou à l'esclave. L'indigne pourra-t-il profiter de ce legs ou de ce fidéicommis? Non répond la L. 5, § 3, *de his quæ ut indig.* D. Si c'est le père ou le maître qui doit en retirer l'avantage.

Quid, au contraire, si c'est le fils de famille héritier qui a encoururu l'indignité ? Par exemple en accusant le testament de faux ? Le père sera-t-il aussi in-indigne de recueillir les avantages faits dans ce même testament? Oui, dit Paul, (même loi, (§ 5) *si mortuo patre filius familias accusavit.*

De ce principe que l'indignité est une peine, il suit qu'elle ne doit frapper que le coupable.

Si donc une disposition a été faite au nom de l'in-

digne, mais pour qu'il transmette à une autre personne l'avantage qu'il en retirera, comme en définitive il ne recueillera aucun profit de cette disposition
elle est maintenue. Par conséquent les fidéicommis
ne continueront pas moins à subsister, avec cette
condition que l'indigne n'aura aucun droit à la quarte
de la loi Falcidie qui sera attribuée au fisc (L. 8, § 14,
de inoffic, test. — L. 89, *ad leg. Falcid.*)

Il y a même des cas où l'héritier n'est indigne
que pour partie. Ce cas se présentera s'il s'est engagé
à rendre à un incapable une partie de la succession
seulement. L'indignité ne s'étend qu'à cette partie de
la succession. De même s'il n'a détourné qu'une partie de la succession L. 11 et L. 6 *de his quæ ut.*
C'est en conséquence de ce principe que si l'indigne
cumulait les qualités d'héritier et de légataire, s'il s'é-
tait engagé à restituer à un incapable seulement ce qu'il
recevrait à titre d'héritier, il n'était pas considéré
comme indigne à l'égard du legs, et pouvait le recueillir. L. 18, § 2, *de his quæ ut indig.* Dans la même hypothèse on déciderait de même, si le testateur avait rayé
son nom, à l'institution d'héritier et l'avait laissé figurer
parmi les légataires (L. 12, *in fine, eod. tit.*) sans cela
la règle générale reprendrait son empire, et il serait
indigne aussi bien comme héritier que comme légataire (L. 15, § 1, *De S. C. Silaniano*).

La L. 7, *de his quæ ut indig.* nous donne la solution de l'espèce suivante: Titius, indigne de succéder
à Sempronius trouve cette succession dans celle de

Mævius dont il est héritier. En sera-t-il écarté ?
« Qui Titii testamentum falsum dixit, nec obtinuit,
heredi ejus heres existere prohibendus non est :
quia non principaliter in *Titii hereditatem* succedit. »

Nous savons déjà qu'on peut reprendre dans les
mains de l'héritier de l'indigne les biens dont celui-ci
s'est indûment enrichi. Voici une espèce présentée
par la L. 22, *de S. C. Silaniano.* D. Seius sur le point de
mourir déclara qu'il avait été empoisonné par son
esclave, puis expira. Lucia Titia sa sœur recueillit sa
succession, et négligea de venger sa mort. Elle même,
dix ans après, vint à mourir. Le droit de l'accuser
d'indignité s'est-il éteint avec elle ? Paul a décidé que
comme c'était un intérêt pécuniaire qui était en jeu,
ce droit ne serait pas éteint par la mort de l'indigne.
Citons encore ici un texte qui a soulevé une légère
controverse. C'est la L. 9 *de jure fisci.* D. Lucius Titius
institua sa sœur pour trois quarts, sa femme et son beau-
père pour le reste. La naissance d'un posthume vint
rompre ce testament, et bientôt lui-même étant mort sa
mère hérita de toute la succession. Alors la sœur accusa
Mœvia d'avoir empoisonné le posthume, et comme en
première instance, elle avait succombé, elle en appela
aux tribunaux supérieurs. Sur ces entrefaites, Mœvia
meurt. Malgré cela l'appel est reçu. Doit-on malgré
le décès de l'accusée continuer l'affaire à cause de la
succession. Modestin est d'avis que malgré cela on
pourra continuer la revendication des biens dont elle
s'était emparée par un crime. La controverse porte

sur le point de savoir qui, d'après le texte, a été empoisonné, de Lucius Titius ou du posthume. Cujas
pense que c'est le posthume ; car sans cela Mævia
n'ayant pas succédé à Lucius Titius, mais bien au posthume, ne pourrait pas être déclarée indigne, il faut
donc que la victime soit le posthume, qui, du reste,
pouvait porter le même nom que son père. Cette explication est très-plausible. On en a cherché une autre
qui n'est pas aussi probable. On a dit que bien qu'en
principe, l'indigne exclu d'une première succession
peut cependant la recueillir mêlée dans une autre, à
laquelle il a droit; mais que si cependant l'indignité
n'était que la conséquence d'un crime très-grave,
comme dans notre cas, on ne saurait admettre la
même décision; que d'ailleurs la succession du posthume, et celle de Lucius Titius n'étaient qu'un même
ensemble de biens, auquel rien n'avait été ajouté.
Qu'enfin le soin que prend le jurisconsulte dans le
principium du texte de désigner les parts de chacun
prouve que ce n'est pas du tout une circonstance in-
différente que Mævia ait été primivement héritière de
Lucius Titius. Cependant, malgré cette dernière considération, qu'on ne saurait réfuter dans l'autre système, je pense qu'il faut accepter l'explication de
Cujas, tant qu'on ne pourra pas montrer un texte qui
défendra à une personne déclarée indigne de succéder
à Titius de recueillir cependant cette succession mé-
langée à celle de Mævius qui était héritier de Titius.

Il nous reste à parler des fruits produits par les

biens que l'indigne a indûment détenus. Il faut, pour fixer ceux qui sont dus, distinguer si l'indigne était de bonne ou de mauvaise foi. Était-il de bonne foi, il a fait les fruits siens jusqu'à la *litis contestatio*, et n'est pas obligé de les restituer. Connaissait-il l'indignité dont il est atteint ? Il devait tous les fruits qu'il avait perçus ou dû percevoir (L. 17, *de his quæ ut indig.*) (L. 1 C. *de his quibus ut indig.*) Papinien va plus loin. (L. 18 *de his quæ ut indig.*) Il veut qu'après la *litis contestatio*, l'indigne rende en plus l'intérêt des fruits qu'il a vendus.

§ IV. — *Position de l'indigne après que les biens lui ont été enlevés.*

Pour être déclaré indigne, il faut être héritier. L'effet de cette déclaration est non pas d'enlever à l'indigne sa qualité d'héritier, mais de lui retirer seulement l'émolument que pourrait lui procurer ce titre. Ainsi quand, par exemple, le fisc se sera mis en possession des biens de la succession, cela n'empêchera pas l'indigne de continuer à être héritier. Il y a là deux choses distinctes, un titre, et l'émolument de ce titre. L'effet de l'indignité est de priver de l'une seulement, l'émolument.

Tirons de là les diverses conséquences qui suivent :

1° Le testament avec tout ce qu'il contient est maintenu. De là il suit que les legs, les fidéicommis, les affranchissements recevront leur exécution. On a même fait observer, très judicieusement, que c'est peut-être par faveur pour la liberté, et probablement aussi pour l'exécution des dernières volontés du défunt, qu'on a décidé que le fisc prendrait les biens enlevés aux indignes, car si on avait appelé les héritiers légitimes, c'était remplacer la succession testamentaire par la succession légitime, c'était faire tomber le testament.

Si le testament contenait une substitution vulgaire, comme la condition à laquelle elle produira son effet n'est pas réalisée, le substitué n'était pas appelé à la succession. (L. 15, *de S. C. Silaniano*). Sans cela, comme le fait très bien observer Marcien, la peine de l'un servirait de récompense à l'autre.

La confusion qui s'était opérée entre les actions de la succession et celles de l'indigne persiste. « Indigno herede pronunciato, adempta hereditate, confusas actiones restitui non oportet, » dit Modestin L. 8, *de his quæ ut indig.* (L. 17 et 18 §1, *eod. tit.*). De même pour les servitudes *prædiales*. Cependant si l'indigne ne savait pas qu'il fût frappé de cette peine, il pourra être restitué contre les effets de cette confusion : « Nec improbe confusam actionem reddi postulaturum » (§ 17, *in fine, eod. tit.*)

L'indigne par l'effet de cette confusion se trouve libéré des dettes qu'il avait envers le défunt. Bien qu'on pourrait dire que c'est là un émolument de son titre d'héritier, et que par conséquent il doit en être privé, je pense qu'il vaut mieux dire qu'il est libéré : en effet, il faut être logique; nous admettons qu'il ne peut plus rien réclamer de la succession, parce qu'il y a confusion; s'il y a confusion, la succession ne pourra plus rien réclamer de lui.

Il en serait tout autrement, si, au lieu de la déclaration d'indignité, il y avait eu rescision du testament ; parce qu'alors les effets produits par le testament seraient eux-mêmes rescindés. Cujas cite la L. 22, *de inoffic. est.* Code, pour montrer les effets différents de la déclaration d'indignité et de la *querela inoffic. testamenti.* Un mari a institué sa femme héritière *ex asse,* exhérédant sa fille qu'il a sous sa puissance. Il ne lui laisse rien. « Neque justas offensæ càusas præstitisse expresse convincitur. Eam de inofficioso testamento patris querentem, totam hereditatem obtinere posse non ambigitur. Quod si jam obtinuit, vel post evincat : Quodcunque maritus mortis suæ tempore debuisse tibi perhibetur, id ab eo reddi oportet. » Cet exemple montre très-bien la différence qui existe entre la persistance de la qualité d'héritier que conserve l'indigne, d'avec la rescision de ce même titre.

Enfin, nous le savons déjà, l'indigne n'est tenu ni des dettes de la succession, ni des legs, ni des fidéicommis. Les créanciers du défunt n'ont plus d'actions sur lui. Et c'est justice, car le fisc ayant l'émolument doit aussi avoir les charges.

DEUXIÈME PARTIE

—

ANCIEN DROIT FRANÇAIS

—

L'ancien droit français n'avait pas sur l'indignité une théorie propre ; il avait accepté la théorie Romaine. D'ailleurs, les coutumes n'avaient pas déterminé les cas dans lesquels l'indignité etait encourue; mais la jurisprudence, par des arrêts nombreux, nous montre qu'on n'avait pas déterminé limitativement les cas dans lesquels l'indignité était prononcée. Les auteurs eux-mêmes reconnaissent que ces cas pouvaient être aussi fréquents « que les bonnes mœurs et l'équité » pouvaient l'exiger. « Les causes qui peuvent rendre l'héritier indigne de la succession sont indéfinies, et le discernement de ce qui peut suffire ou ne pas suffire pour avoir cet effet, dépend de la qualité des faits et des circonstances. Ainsi, on ne doit pas borner ces causes à celles qui seront expliquées dans les articles qui suivent, où l'on n'a pris que celles que les lois expriment. Mais s'il arrivait quelqu'autre cas où il fût des bonnes mœurs et de l'équité de déclarer un héritier indigne, il serait juste de le priver de l'hérédité. Ainsi, par exemple, si celui qui aurait eu des habitudes criminelles avec une personne de mauvaise vie l'instituait héritière, une telle institution devrait être annulée. » C'est en ces termes que Domat (Les lois civiles, etc. ; Des héritiers en général, tit. 1, sect. III) s'exprime à propos de la déterminatiou des cas dans lesquels l'indignité est encourue.

Tous les jurisconsultes s'accordent pour mettre au premier rang des causes d'indignité le meurtre du défunt : « Il est constant que celui qui a donné la mort à quelqu'un, est indigne d'être et de se dire héritier. » (Lebrun, Successions, liv. III, chap. IX.) Il en est de même dans notre droit actuel, mais alors il n'était pas nécessaire que le meurtrier ait été condamné, il suffisait que le crime fût prouvé. Il y a encore une autre différence sur ce point entre l'ancien droit et la théorie du Code Napoléon, c'est que les enfants venant de leur chef à la succession du défunt sont exclus par la faute de leur père ou mère. Nous trouvons ces deux principes appliqués dans le célèbre arrêt de la Morineau du 7 août 1604, rapporté par Lebrun. Cette femme ayant fait assassiner son père avait pris la fuite, et était restée absente pendant un temps plus que suffisant pour prescrire contre la peine. Puis elle revint pour demander la succession de son père qui avait été attribuée à des collatéraux. Subsidiairement elle faisait paraître sa fille qui soute-

nait que si sa mère était indigne, elle devait être admise
à la succession, comme étant petite fille de celui des
biens duquel il s'agissait, et que, en supposant que
l'indignité de sa mère se fût étendue jusqu'à elle, et
qu'elle ne pût parvenir aux biens de son aïeul en qualité de petite fille, en ce cas, comme ils avaient dû
passer dans leur intégrité en la personne d'une sien n
tante, qui était une autre fille de cet aïeul, ces biens
la regardaient encore comme plus proche héritière de
cette tante, et que d'autres parents collatéraux de
cette tante n'en avaient pu disposer au profit des tiers
détenteurs, lesquels soutenaient au contraire l'indignité dans tous les cas. Lebrun plaida pour les détenteurs, et un arrêt intervint qui exclut les enfants
du parricide à quelque titre qu'ils se présentassent :
Horror matris transit ad filios ; et juge que le temps
n'efface pas l'indignité de la branche parricide ; qu'une
fille si barbare, après avoir brisé ses fers, en portait
toujours quelque reste avec elle ; et qu'elle commu-
niquait cette note et cette indignité à ses descendants.
Suivant Pothier, on ne devait pas écarter les enfants
pour le crime de leur père.

Citons encore une décision de l'ancien droit sur
un point qui peut être controversé en présence des
termes laconiques du Code Napoléon. Le meurtre
excusable est-il une cause d'indignité ? Lebrun n'hé-
site pas à déclarer que c'est une cause d'indignité. Il
examine la question à propos d'un mari qui surpre-
nant sa femme en flagrant délit d'adultère aurait tué

le complice, dont il était l'héritier présomptif. Il prétend que le mari outragé aurait dû arrêter sa vengeance à la vue de celui auquel il doit succéder, qu'il ne doit pas profiter de son homicide, et qu'enfin ce serait d'un mauvais exemple, et d'une dangereuse conséquence de lui adjuger cette succession. La même décision s'appliquait au cas où l'homicide avait été commis pour repousser une attaque, en cas de légitime défense; car on peut dire que quelque nécessité qui puisse obliger quelqu'un à tremper ses mains dans le sang de ses proches, c'est toujours une cause légitime de le priver de la succession.

Cette décision est trop rigoureuse, elle blesse même l'équité ; car, avant tout, l'indignité est une peine, et ne doit être que la conséquence d'une faute. Espiard, annotateur de Lebrun, dit à ce sujet que s'il était prouvé que l'homicide eût été commis dans le cas de légitime défense et qu'on n'ait pas excédé les bornes *inculpatæ tutelæ*, il ne faudrait pas prononcer l'indignité. Mais il faut reconnaître que la plupart du temps il se trouvera quelque faute de la part de celui qui a commis le meurtre, soit parce qu'il aura attaqué le premier, soit parce qu'il aura excédé les termes d'une juste défense, soit enfin parce qu'absolument il aura pu éviter de commettre l'homicide.

L'ancien droit déclarait aussi indigne l'héritier qui ne venge pas la mort du défunt. C'est un intérêt d'ordre public qui fait prononcer l'indignité dans ce cas. Rien n'est capable d'arrêter la fureur d'un homicide comme la crainte de la vengeance des enfants ou des autres héritiers qui seront obligés de le poursuivre. Tous les parlements en avaient fait une règle uniforme. Lebrun cite à ce sujet un arrêt du parlement de Paris du 24 juillet 1573 qui déclare indignes des enfants qui ayant été interpellés en justice de poursuivre les meurtriers de leur père, avaient négligé de le faire.

Un arrêt du 11 février 1602 décide que non seulement celui qui attente aux jours du défunt, mais encore celui qui n'a pas révélé le complot formé contre la vie du défunt, lorsqu'il en avait eu connaissance, devait être déclaré indigne.

Nous avons vu plus haut, à propos de l'arrêt de la Morineau, que l'indignité du père rejaillissait sur ses enfants, et que ceux-ci ne pouvaient pas venir de leur chef à la succession dont leur père était exclu. Cependant Lebrun lui même admettait une exception. Si le père était indigne pour avoir commis un meurtre excusable, la peine qui le frappait s'arrêtait à lui, ses enfants pouvaient venir à la succession du défunt. Mais ici se présente une question : Le père indigne pourra-t-il succéder à ses enfants pour les biens qu'ils auront recueilli dans la succession dont il avait été écarté ? Lebrun admet l'affirmative : car les biens qui se trouvent dans le patrimoine de l'enfant ne forment qu'un tout, et d'ailleurs le père ne succède pas directement à sa victime. Nous aurons à examiner cette question en étudiant dans notre droit actuel de quelle succession l'indigne est écarté.

Il n'est pas nécessaire d'entrer plus avant dans l'é-
numération des cas dans lesquels notre ancien droit
prononçait l'indignité. Il suffit de renvoyer à ce que
nous avons dit à propos de l'indignité en droit Romain. Quant aux hypothèses que nous venons d'examiner, nous les avons étudiées parce qu'elles avaient
trait, soit à des questions controversées, soit à des
points décidés en sens contraire dans notre droit actuel. Nous traiterons encore cependant deux questions
relatives à la différence entre la législation Romaine
et notre ancien droit, au point de vue, l'une de l'attribution des biens enlevés à l'indigne, l'autre de l'ex-
tinction de la confusion qui avait eu lieu entre les actions réciproques de l'héritier indigne et de la succession.

Chez les Romains les biens enlevés à l'indigne
étaient attribués au fisc. Nous avons même montré à
ce sujet que le désir d'augmenter les ressources du fisc
avait poussé les empereurs à rendre si nombreux les
cas dans lesquels l'indignité est prononcée. Dans notre ancien droit, l'attribution des biens enlevés à l'indigne est modifiée, elle a lieu au profit soit des cohéritiers de l'indigne, soit au profit des héritiers du
degré subséquent.

Enfin, par la déclaration d'indignité, l'indigne cesse
d'être héritier. Il n'en était pas de même en droit Romain, où l'on conservait quand même le titre d'héritier. L'effet de l'indignité, c'était d'enlever à l'héritier
le bénéfice attaché à son titre, mais le titre lui restait.

Il résultait de là qu'on ne restituait pas à l'indigne les actions qui avaient une fois été éteintes par la confusion· Tel n'est pas la doctrine de notre ancien droit. Cette décision, dit Lebrun en parlant de la disposition de la loi 8, *de his qua ut indig.* D. qui est fondée sur la différence qu'il y a entre l'indigne et l'incapable semble trop rigoureuse, et quoique l'indigne soit saisi jusqu'à ce que l'indignité soit déclarée, néanmoins, comme il n'est saisi que pour être privé incontinent après, et que son titre n'est pas incommutable, il n'est pas juste qu'il confonde les droits qu'il avait sur la succession ; ce qui dépend du principe que nous avons déjà établi ; car nous savons qu'il n'y a que la propriété incommutable qui produise une confusion aussi incommutable.

Tels sont les principes de notre ancien droit qui ont servi de transition entre la théorie Romaine sur l'indignité et la théorie du Code Napoléon.

TROISIÈME PARTIE

CODE NAPOLÉON

La théorie du Code Napoléon sur l'indignité accepte en grande partie les principes que nous avons étudiés jusqu'ici. C'est toujours une déchéance encourue par l'héritier coupable de quelque offense grave contre le défunt ; mais, comme nous allons le voir, les causes d'indignité sont beaucoup moins nombreuses que dans le droit Romain, ou dans l'ancien droit Français, et leur fondement n'est plus le même. Jusqu'ici nous avons considéré cette peine comme reposant sur une présomption d'exhérédation ; dans notre droit, c'est la loi qui la prononce, tant en considération de cette présomption qu'au nom des convenances sociales et de la morale publique. Dans l'ancien droit le pardon présumé du défunt était un obstacle à ce que l'indignité fût prononcée. On présumait ce pardon si un délai suffisant séparait l'offense commise de la mort du défunt, et que celui-ci n'ait pas exhérédé le coupable. (Lebrun, liv. III, chap. IX n°14. Pothier, Successions, chap. 1, sect. II, art. 4§2). Dans notre droit, non-seulement le pardon présumé du défunt, mais encore le pardon exprès ne sauraient effacer une cause d'indignité.

Peut-être faut-il voir la raison de cette différence dans le caractère nouveau que revêt l'indignité. Elle ne frappe plus comme autrefois ceux qui viennent à la succession appelés soit par la volonté du défunt, soit par une disposition de la loi. Ceux-là seuls peuvent être déclarés indignes qui sont héritiers légitimes. Dès lors, quoi de plus naturel que de dire que la loi refuse sa vocation à ceux qui se sont rendus coupables de fautes qu'elle a prévues? Il n'est plus besoin d'invoquer cette fiction de l'exhérédation présumée, puisque la volonté du défunt ne fait pas les héritiers légitimes.

CHAPITRE I

DES CAUSES D'INDIGNITÉ

Les cas dans lesquels l'indignité est prononcée sont en droit Français peu nombreux. C'est que « les causes d'indignité doivent être tellement précises qu'on ne puisse se méprendre dans leur application: autrement, pour venger un défunt, on jetterait dans toute sa famille des semences inépuisables de haine et de discorde. » (M^r. Treilhard). En droit Romain on rencontrait davantage de causes d'indignité, mais elles autorisaient des inquisitions souvent injustes et odieuses. Aussi les rédacteurs du Code Napoléon n'ont-ils admis que celles qui présentaient un point fixe, non susceptible d'équivoque ni d'interprétation, dont la preuve est facile et l'admission enlevée à l'arbitraire.

L'art. 727 les énumère. Il est ainsi conçu :

« Sont indignes de succéder, et, comme tels, exclus de successions :

1° Celui qui sera condamné pour avoir donné ou tenté de donner la mort au défunt;

2° Celui qui a porté contre le défunt une accusation capitale jugée calomnieuse ;

3° L'héritier majeur qui, instruit du meurtre du défunt, ne l'aura pas dénoncé à la justice. »

Ce sont donc trois cas dans lesquels l'indignité est encourue par l'héritier. Cette énumération est certainement restreinte et limitative. Quels que soient donc les mauvais rapports qui ont existé entre l'héritier et le défunt, malgré les outrages les plus sanglants dont l'héritier s'est rendu coupable envers le *de cujus*, malgré les inimitiés les plus irréconciliables, il n'y aura pas lieu de prononcer l'indignité.

Malgré les excellentes raisons que Monsieur Treilhard a fait valoir dans son exposé des motifs au corps législatif, on pourrait penser que le nombre des causes d'indignité est trop restreint. En effet, nous l'avons dit, l'indignité a pour base l'intention présumée du *de cujus*, qui est réputé n'avoir pas voulu laisser sa succession à un parent coupable envers lui des torts les plus graves. Mais ces torts, ne peuvent-ils exister qu'au nombre de trois, et cette énumération de l'art. 727 comprend-elle tous les cas dans lesquels on aurait pu avec la plus grande vraisemblance présumer l'intention de la part du *de cujus* d'écarter l'héritier de sa succession? Par exemple, comme je le disais plus haut, il a existé entre eux une de ces inimitiés qui ne souffrent pas de réconciliation, et dont l'origine se place dans une offense grave de l'héritier contre le *de cujus*. Pouvons-nous ici présumer l'intention de la part du défunt d'écarter l'héritier de sa succession? Certainement! et avec tout autant de certitude que dans les trois cas prévus par la loi. Et cependant l'héritier recueillera les biens de celui qui lui avait voué une haine implacable. A ce point de vue donc, il eut été équitable d'étendre le nombre des cas dans lesquels la loi prononce l'indignité. Mais d'autres considérations ont déterminé le législateur. Où se serait-on arrêté dans la détermination des causes d'indignité? Il fallait alors adopter les principes de l'ancien droit! et laisser au juge le soin de fixer si l'héritier se trouve ou non dans un cas d'indignité. Nous avons vu les écueils d'une semblable législation. Enfin, disons que l'équité n'est pas aussi intéressée qu'on semble le croire à l'augmentation du nombre des cas d'indignité. Le *de cujus*, en effet, avait dans les mains une arme contre celui qu'il voulait écarter de sa succession, il pouvait tester, et ne lui laisser que ce à quoi il avait droit en vertu de la réserve. Que s'il ne l'a pas fait, il y a présomption de pardon, d'oubli des inimitiés, dans tous les cas autres que ceux de l'art. 727. Dans ceux-là c'est la présomption contraire qu'on invoque, c'est-à-dire celle de la part du *de cujus* d'écarter l'héritier de sa sucession. Présomption que rien ne saurait faire tomber, pas même, comme nous le verrons, le pardon du défunt. Remarquons, en terminant, que les trois cas prévus par l'art. 727 ont un caractère commun ; c'est qu'ils sont tous trois relatifs à l'ouverture de la succession. Dans le premier, l'héritier a tenté de l'avancer par un crime, dans le second par une dénonciation calomnieuse, dans le troisième, elle est encore ouverte par un crime dont l'héritier par son silence devient moralement complice. C'est ce qui montre que derrière ces trois cas d'indignité, outre l'intention présumée du défunt, se cache encore un intérêt d'ordre public, qui certainement n'a pas été d'un poids médiocre dans le choix que le législateur en a fait. D'ailleurs, si la présomption d'exhérédation suffisait pour expliquer l'indignité, on ne devrait pas enlever aux réservataires indignes, ce qu'en testant le défunt n'aurait pas pu leur enlever. Et cependant l'indigne est privé même de sa réserve ; c'est que si le législateur a été guidé dans l'institution de la réserve par un intérêt d'ordre public et de convenance sociale, cet intérêt est primé par un autre beaucoup plus important, et devant lequel il doit céder quand il s'agit d'indignité.

§ I. — *Attentat contre la vie du défunt.*

Est indigne « celui qui est *condamné* pour avoir donné ou tenté de donner la mort au défunt. » De ce texte il résulte qu'il faut qu'il y ait une condamnation prononcée contre le coupable, pour que l'indignité soit encourue. C'est une innovation qui a été introduite par les rédacteurs du Code, et qui est spéciale à la matière que nous étudions. En effet, quand il s'agit de la révocation pour cause d'ingratitude des donations entre-vifs ou des dispositions testamentaires, la même condition n'est plus exigée; c'est que, quand il s'agit de succession, le législateur a craint que la cupidité ne vint donner naissance dans les familles à des procès déplorables. Il a craint que, sans indice certain, on ne vint mettre ainsi en jeu l'honneur et la fortune d'un héritier, dans l'espoir de le faire déclarer indigne. Il fallait donc fixer d'une manière positive les cas dans lesquels on pourrait faire déclarer indigne un héritier, et on décida que pour cela il fallait qu'il y ait eu condamnation préalable. Il est vrai que la même raison de décider existait en cas de révocation des donations pour cause d'ingratitude. En effet, dans l'année qui suit le délit, si le donateur vient à mourir, ses héritiers peuvent demander la révocation de la donation. La cupidité ne peut-elle pas aussi les pousser à intenter un procès injuste contre le donataire, dans l'espoir d'obtenir la révocation. Malgré cela, l'art. 727 est formel, il faut qu'il y ait eu condamnation préalable pour autoriser une action en indignité dirigée contre un héritier.

Cette condamnation ne pourra pas être civile, il faudra qu'elle soit pénale. C'est ainsi qu'on ne pourra pas attaquer l'héritier pour le faire seulement condamner à des dommages-intérêts à raison de ce qu'il a donné la mort au *de cujus*, et se targuer d'une pareille condamnation pour arriver à la déclaration d'indignité. Il faut une condamnation prononcée par la justice répressive, qui seule offre dans le cas qui nous occupe les garanties suffisantes ; elle mettra dans la poursuite une prudence beaucoup plus grande que n'en aurait mis dans l'attaque le demandeur devant les tribunaux civils.

L'indignité suit le sort de la condamnation dont elle est la conséquence. L'indigne a-t-il été condamné par contumace s'il se représente dans les vingt ans, il sera jugé de nouveau. S'il est alors reconnu innocent et absous, la peine de l'indignité tombera. Disons pareillement que, si par suite d'un fait quelconque la condamnation est devenue impossible, il n'y aura pas lieu à prononcer l'indignité. Comme par exemple :

Le coupable est mort avant que l'arrêt ait été rendu. Bien que cependant l'instruction de l'affaire ait eu lieu, bien que les débats même aient rendu évidente la culpabilité de l'accusé, il n'y aura pas lieu à prononcer l'indignité. Les enfants du meurtrier du *de cujus* pourront représenter celui qui par un crime aura avancé l'époque à laquelle ils auraient profité des biens du défunt. Le droit Romain ne donnait pas la même décision. La L. 9, *de jure fisci*, que nous avons d'ailleurs étudiée, contient une espèce dans laquelle la mort de l'accusé survenant pendant l'appel du jugement criminel, qui lui avait même été favorable, n'empêchait pas le fisc de poursuivre le recouvrement de ce qui avait été acquis à cet accusé par son crime. Notre ancien droit avait sur ce point suivi la doctrine Romaine.

De même, si l'action publique a été prescrite, la condamnation étant devenue impossible, il en sera de même de la déclaration d'indignité.

Mais une fois l'indignité encourue, elle n'en persiste pas moins, quels que soient les événements qui surviennent. Par exemple, si la condamnation est modifiée dans ses effets par la grâce que le souverain accorde au coupable. Par la prescription de la peine. Pourra-t-on cependant faire prononcer l'indignité, si le *de cujus* avant de mourir a accordé à son meurtrier le plus entier pardon? Non, et c'est ici qu'éclate la différence qui existe entre la théorie de l'indignité dans l'ancien droit et celle du Code Napoléon. Dans l'ancien droit, la peine de l'indignité reposait uniquement sur une présomption d'exhérédation. Aussi, si le

défunt avait manifesté avant sa mort l'intention de
aisser ses biens à celui qu'il savait cependant bien
avoir attenté à ses jours, on ne pouvait plus admettre
la présomption d'exhérédation, et le pardon du *de
cujus* rendait impossible la déclaration d'indignité.
Dans notre droit, il n'en est plus de même, car
l'indignité ne repose pas seulement sur la présomption d'exhérédation, mais aussi sur un intérêt d'ordre public, comme nous l'avons déjà dit ; aussi la
volonté du *de cujus* n'est-elle plus suffisante pour
épargner à l'indigne la peine qu'il a méritée. M. Demolombe va même jusqu'à dire que le pardon du
défunt ne fait pas obstacle à la déclaration d'indignité,
parce que « ce pardon ressemblerait à une sorte de
pacte sur succession non ouverte, nouvelle cause
d'impuissance et d'inefficacité ! » Je pense que c'est
aller un peu loin ; comment voir un pacte dans ce
pardon qui est un acte unilatéral ? Et puis, c'est un
acte de disposition de la part du défunt, et je ne crois
pas qu'on ait jamais traité de pacte sur succession
non ouverte, l'acte par lequel un *de cujus* aurait
attribué, pour le temps où il ne serait plus, à certaines
personnes certains biens sur lesquels elles n'avaient
aucun droit, ce qui ressemble bien à l'hypothèse que
nous étudions en ce moment.

Il nous reste à examiner quelles sont les conditions qui entraînent comme conséquence l'indignité de celui qui en est frappé ! Le texte dit : *Celui
qui a été condamné pour avoir donné ou tenté de*

donner la mort au défunt. Cela comprend donc avant tout la condamnation pour meurtre, en prenant le sens de ce mot que donne l'art. 295, C. P.

La tentative est assimulée au meurtre, on le comprend facilement, car au point de vue pénal, la tentative est mise sur le même rang que le meurtre lui-même. Mais encore ici nous devons accepter la signification du mot tentative tel qu'il nous est donné par l'art. 2, C. P. — Toute tentative de crime qui aura été manifestée par un commencement d'exécution, si elle n'a été suspendue ou si elle n'a manqué son effet que par des circonstances indépendantes de la volonté de son auteur, est considérée comme le crime même. Il en est de même du complice. Lui aussi, quant à la pénalité est assimilé à l'auteur principal du crime, (art. 59, C. P.) Il faut le considérer comme ayant donné la mort, dans le sens de la loi, et l'exclure par conséquent comme indigne. On ne saurait hésiter à accepter cette décision, si l'on considère que l'art. 727 3º déclare indique celui qui sans prendre une part active au meurtre du défunt, n'a fait qu'en avoir connaissance sans le dénoncer.

La cause de la condamnation doit elle toujours être un homicide commis volontairement ou tenté sur la personne du défunt? Oui, il faut une intention coupable. La loi ne veut pas punir un accident ou un malheur qui serait arrivé à l'héritier. Ce qui le prouve, c'est qu'on punit la tentative à l'égard du crime consommé. Et il est évident qu'il ne peut y avoir tentative d'homicide involontaire. De plus, l'indignité est une peine, et l'on ne saurait punir quelqu'un d'une faute qu'il n'a pas été libre de ne pas commettre. Enfin, quel est le but que le législateur s'est proposé en prononçant l'indignité dans le cas qui nous occupe?—Nous le savons, il est double. Il a voulu d'abord exécuter les volontés présumées du défunt, et de plus empêcher que les héritiers ne tentassent par un crime d'avancer le moment où ils devaient succéder au *de cujus*. Ensuite les convenances sociales s'opposaient à ce qu'un meurtrier s'enrichît des dépouilles de sa victime. Toutes ces raisons n'existent plus quand il n'y a pas eu meurtre volontaire, intention coupable. Pourquoi dès lors prononcer l'indignité dans ce cas? Appliquons ce que nous venons de dire à différentes hyppothèses, dans lesquelles il aurait pu y avoir doute:

Nous ne parlerons pas des cas dans lequels le meurtrier était atteint de démence ou de folie furieuse (64, C. P.). Lorsque l'homicide était ordonné par la la loi et commandé par l'autorité légitime (327, C. P.) On cite le cas où dans une rébellion, un citoyen en défendant l'ordre aurait tué un factieux dont il était l'héritier. On cite encore le cas où l'exécuteur des hautes œuvres était l'héritier de la personne à laquelle il a fait subir le dernier supplice, où l'accusé âgé de moins de seize ans a été acquitté comme ayant agi sans discernement, mais a été envoyé dans une maison de correction (art. 66, C. P.). Lorsque l'homicide a été commis par une personne qui se trouvait dans un cas de légitime défense. Dans ces différents cas, l'héritier a agi sans intention coupable, et, comme le dit la loi, il n'y a là ni crime ni délit. — Partant pas de condamnation qui pût servir de base à une déclaration d'indignité. Aussi, dans ces différents cas, pas de doute.

Mais que décider si l'héritier a commis l'homicide par maladresse, imprudence, inattention, négligence ou inobservation des réglements (319, C. P.)? On pourrait dire que l'héritier a donné la mort au défunt. De plus il y a une condamnation. On rentre donc parfaitement dans les termes de l'art. 727. Donc il y a lieu à prononcer l'indignité. Le droit Romain, d'ailleurs, le décidait ainsi. Dans la L. 3, *de his uœ ut indig.* au Dig., on déclare indigne celui qui a été la cause ou l'occasion de la mort du *de cujus, per negligentiam et culpam suam.* On explique cette décision en disant qu'il s'agit ici d'une succession testamentaire et non pas d'une succession légitime, et que l'héritier doit une plus grande reconnaissance à celui qui, par bienveillance, l institue son héritier, qu'à celui dont il recueille les biens, non pas parce qu'il en a ainsi décidé, mais parce qu'il n'en a pas décidé autrement. Aussi dans ce cas, va-t-on jusqu'à punir même la négligence. Ce n'est pas là je pense la véritable explication. Il faut bien plutôt la chercher dans ces théories ficales qui multipliaient outre mesure les cas d'indignité. Aussi dans notre droit ne devons-nous pas décider de même. L'indignité est prononcée contre l'héritier moins pour le punir d'avoir donné la mort au défunt que pour avoir conçu le projet criminel d'une semblable action. La preuve c'est que la tentative est punie à l'égal du meurtre lui-même. Aussi ne faut-il pas insister sur cette circonstance qu'en effet l'héritier a donné la mort au défunt, puisque dans notre espèce l'intention coupable fait défaut. Il y a eu condamnation, c'est vrai, mais l'héritier n'est pas condamné pour avoir donné la mort au défunt, mais seulement (à une peine correctionnelle) pour avoir commis une imprudence ou une négligence. On ne peut donc pas dire qu'il a été condamné pour avoir donné ou tenté de donner la mort au défunt.

On décide encore généralement qu'il n'y a pas lieu à prononcer l'indignité quand l'héritier a été condamné pour avoir volontairement porté au défunt des coups et fait des blessures qui auraient occasionné la mort, mais sans intention de la donner. — On se fonde sur ce que la condamnation qui intervient est motivée non sur ce que l'héritier a donné la mort au défunt, mais bien sur ce qu'il a porté des coups et fait des blessures ; et que l'on reconnaît précisément qu'il n'y a pas eu intention de donner la mort. En un mot encore, ici il n'y a pas condamnation pour avoir donné ou tenté de donner la mort au défunt.

Celui qui a été condamné comme coupable d'un

meurtre excusable doit il être déclaré indigne ?

Trois opinions se présentent sur ce point. Suivant la première, qui est adoptée par Messieurs Duranton Marcadé et Chabot, il n'y a pas lieu à prononcer l'indignité; suivant la seconde, présentée par M. Delvincourt, ce sera une question de fait que les juges devront décider; dans la troisième, MM. Demante, Duvergier, Aubry, Rau et Zachariæ décident que l'indignité est encourue.

Reprenons ces trois systèmes, en réfutant les deux premiers pour adopter le troisième qui est plus conforme au texte de la loi et à son esprit.

Premier système. Voici les arguments présentés par M. Chabot. 1° Le meurtre excusable n'est point un meurtre proprement dit, et il ne saurait rentrer dans les crimes prévus par le premier paragraphe de l'art. 727. 2° La peine du meurtre excusable est si légère qu'elle ne peut pas être considérée comme la peine d'un meurtre. 3° Il y aurait injustice à punir de la même peine l'homicide qui a des causes légitimes, et celui qui a été commis volontairement et même avec préméditation. Marcadé fait observer que l'indignité d'après notre article est une des peines du meurtre ; et que l'excuse d'un meurtre empêchant d'en appliquer les peines, elle doit faire disparaître cette indignité; qu'enfin il y aurait injustice à punir de l'indignité un fait que la loi ne punit que d'un an de prison, lorsque des coups ayant occasionné la mort et emportant les travaux forcés, soit temporaires, soit même perpétuels, ne produisent cependant pas l'indignité.

Deuxième système Delvincourt, page 26, note 1, pense que les juges devront se décider d'après les les circonstances et la nature du fait sur lequel l'excuse est fondée.

Troisième système. Commençons par éliminer la deuxième opinion ; car ce que le Code a voulu éviter dans la matière que nous étudions, c'est l'incertitude et l'arbitraire. Nous nous rappelons, en effet que c'est justement pour bien fixer la législation nouvelle, et la séparer entièrement de celle de l'ancien droit, qu'on a restreint à trois le nombre des cas dans lesquels l'indignité serait encourue; d'ailleurs, ou l'art. 727 1° s'applique au meurtre excusable, et dans ce cas, les juges ne sauraient ne pas prononcer l'indignité ; ou il ne s'y applique pas, et alors, sur quoi se fonderaient-ils pour la prononcer ?

Pour nous, nous soutenons que l'art. 727 1° s'applique au meurtre excusable. Ne dit-il pas : celui qui a été condamné pour avoir donné ou tenté de donner la mort du défunt. N'est-ce pas bien là l'espèce de meurtre excusable. Quelle que soit la peine prononcée, quelqu'adoucissement que les circonstances qui ont accompagné le crime aient apporté dans le chatiment, ce qu'on punit ce n'en est pas moins le meurtre, et alors nous nous trouvons exactement dans les termes de l'art 727 1°. D'ailleurs il y a crime dans ce cas comme dans le meurtre non excusable et si dans les autres cas que nous avons déjà étudiés, nous avons écarté l'indignité, c'est que précisément ce qui manquait, c'était cette intention de donner la mort qu'on punissait dans le meurtre excusable. Cette intention doit aussi entraîner l'indignité. Qu'on ne vienne pas objecter que la peine est si peu forte qu'il y aurait injustice à y ajouter l'indignité, quand on l'écarte au contraire dans les cas où la peine infligée est beaucoup plus grave. Le crime excusable est un crime, comme le dit M. Berthauld, (cours de droit pénal) et c'est pour meurtre, en effet, c'est pour avoir donné la mort au défunt que l'héritier est condamné. Citons à cet égard un arrêt de la cour d'Angers en date du 3 décembre 1849, qui contient ce qui suit : « Si à raison des circonstance le législateurs excuse le fait, ou modifie la pénalité, le fait n'en conservera pas moins sa qualification légale, de telle sorte, qu'un crime est toujours un crime, un délit toujours un délit. »

Disons enfin avec Lebrun : « qu'il serait d'un mauvais exemple et d'une dangereuse conséquence d'adjuger la succession au meurtrier. » Que supposons-nous en effet? C'est que le futur hériter se trouvant dans l'un des cas prévus par les art. 321, 322, 324 C. P., a volontairement donné la mort au défunt. Mais n'a-t-on pas à craindre qu'en pareille occurrence ce futur héritier, placé entre son devoir qui lui conseille la modération, et le désir de voir s'ouvrir plus tôt pour lui la succession de celui qu'il peut épargner, n'écoute que la voix de l'intérêt et ne porte sa vengeance à cette extrémité déplorable, qu'elle n'aurait peut-être pas atteinte sans cette circonstance. Et alors, ne retrouvons-nous pas ici le double fondement de l'indignité : — exhérédation présumée. — Protection de l'ordre public. Il faudra donc appliquer l'art. 727 1°, et cette décision sera conforme au texte et à l'esprit de la loi.

On s'est demandé si le fait d'avoir tué en duel celui à la succession duquel on est appelé, constitue une cause d'indignité. Les auteurs décident généralement qu'il faut ici faire une distinction. Si le combat a été déloyal, et que l'homicide ait été qualifié meurtre par le jury, l'indignité sera encourue, que si, au contraire, l'héritier n'a été condamné qu'à une peine correctionnelle pour blessures, il n'y aura pas lieu à prononcer l'indignité. Une pareille décision peut cependant paraître dangereuse pour l'ordre public. Ne pourrait-il pas arriver, par exemple, que l'héritier présomptif d'une personne ne profitât d'un prétexte peu sérieux pour la provoquer, et avancer ainsi le moment auquel il doit lui succéder. En effet la cour de cassation adoptant des principes contraires, et se fondant sur ce que la loi pénale ne contient aucune disposition contre le duel, et qu'on peut le considérer comme une situation de légitime défense de soi-même, pourvu d'ailleurs qu'il n'y ait eu de la part de celui qui en est sorti vainqueur aucune fraude criminelle, que les usages reçus en pareille occurrence. aient été fidèlement observés par lui, décide qu'il y a ou non, meurtre punissable, suivant les circonstances du fait, (Duranton, p. 118). Ainsi toute la question se résume à celle-ci, est-il ou non condamné comme meurtrier ? Et si on décide que l'injure que fait valoir l'héritier pour justifier le duel est assez grave pour n'entraîner contre lui que des peines correctionnelles, ne nous trouvons nous pas dans la même hypothèse que plus haut, e^t et n'avons-nous pas à craindre que l'héritier ne se laisse trop guider par l'intérêt qu'il a à la mort de son adversaire. Toutefois, dans l'état actuel de notre législation, nous devons accepter la décision que nous avons donnée en commençant, et dire que l'indignité sera encourue ou non suivant que l'héritier sera condamné pour meurtre ou pour blessures ayant occasionné la mort sans intention de la donner.

Terminons sur ce point par l'examen de la question suivante :

Le *de cujus* peut-il disposer par testament au profit d'un de ses héritiers qui se trouve dans un cas d'indignté ? Nous savons déjà qu'il ne peut pas par son pardon effacer les effets de l'indignité. Je pense cependant qu'il pourrait les effacer en laissant par testament à l'indigne, ce qu'il aurait recueilli dans la succession légitime. Quel différence y a-t-il donc entre les deux cas ? Une très-grande. Dans le cas de succession légitime, la vocation de l'héritier vient de la loi ; si la succession est testamentaire, elle vient du *de cujus*. Or en instituant l'indignité, le législateur a dit : La loi refuse sa vocation à celui qui a donné ou qui a tenté de donner la mort au *de cujus*, et cela pour

des motifs d'un intérêt si puissant, que le pardon de
la victime elle-même ne saurait la lui rendre. Mais
dans le cas qui nous occupe nous raisonnons ainsi : Il
est vrai que par son pardon le *de cujus* n'avait pu rendre
à l'indigne la vocation que celui-ci ne tient que de la
loi ; mais pourquoi ne pourrait-il pas lui donner cette
vocation qu'il a le droit de conférer à qui il lui plaît
L'art. 902 ne dit-il pas : « toutes personnes peuvent disposer et recevoir, soit par donation entre vifs, soit par
testament, excepté celles que la loi déclare incapables? »
La loi nulle part ne crée au préjudice de l'indigne,
une incapacité de l'espèce dont parle l'art. 902 ; nous
devons donc dire dès lors que le *de cujus* peut disposer par testament au profit d'un des héritiers qui se
trouve dans un cas d'indignité.

§ 2. — *Accusation capitale jugée calomnieuse*

Est indigne celui qui a porté contre le défunt une
accusation capitale jugée calomnieuse. Qu'est-ce donc
qu'une accusation capitale? Dans l'état actuel de notre
législation , ce mot est évidemment impropre. A
Rome le droit de poursuivre les coupables, le rôle
d'accusateur appartenait à tout citoyen qui voulait
en soutenir la charge. Chez nous, les particuliers n'ac-
cusent pas, le ministère public seul peut requérir la
mise en accusation d'un coupable, et un arrêt de la

Cour impériale peut seul le renvoyer devant la Cour d'assises. Qu'a donc voulu dire le législateur ?

Les particuliers, sans pouvoir intenter directement une accusation, ont cependant certains droits qui ont avec celui-là une certaine analogie. Par exemple : Ils peuvent faire une dénonciation, déposer une plainte. Toutefois l'expression qu'a employée le législateur révèle sa pensée. L'imputation calomnieuse pour être une cause d'indignité doit être faite devant les magistrats chargés de l'exercice de l'action publique, et dans les formes que nous venons d'examiner; sans cela, comme le dit Monsieur Duranton, (t. vi, n° 103) l'injure la plus grave, l'imputation la plus odieuse dans des écrits, dans des lieux ou réunions publiques, sans aucune plainte ou dénonciation en justice, n'auraient pas le caractère de l'accusation dont entend parler la loi; et fût-elle jugée calomnieuse par les tribunaux elle ne ferait pas encore par encourir à son auteur la peine d'indignité.

Voilà pour le mot accusation, reste à expliquer l'épithète *capitale* dont il est accompagné.

Explication du mot capitale. — (accusation). Il y a deux systèmes sur la manière d'interpréter ce mot: dans l'un il comprend toute accusation de nature à entraîner une peine afflictive et infamante, ou infamante seulement; dans l'autre il ne s'entend que d'une accusation, qui, si elle eût été prouvée, aurait pu attirer sur le défunt la peine de mort, et ouvrir par conséquent la succession.

Voici comment Delvincourt (t. ii, § 26) défend la première opinion : « Le mot *caput* d'où vient *capitalis* ne signifie pas seulement en droit la tête ou la vie, mais encore, et le plus souvent, l'état civil. *Capitis dominutio* signifie, comme l'on sait, un changement d'état : « Is demum vidètur capitis accusasse, qui tali judicio appetit, cujus pœna aut supplicium habüit, aut exilium, quod sit vice deportationis, ubi civitas amittitur. »(L. 14, § 3, *de Bonis libertorum*). « Appellatio capitalis mortis, vel amissionis civitatis intelligenda est. » (L. 1, § 3, *de verbor. signifi.*) «Qui capitali crimine damnatus est, non debet pro alio postulare. » (L. 1, § 6, *de postulando.*) Ces différentes lois prouvent évidemment que le crime dit *capital*, n'est pas toujours celui qui emporte la peine de mort. D'ailleurs, pour un honnête homme, l'honneur n'est-il pas plus cher que la vie ?

Parmi les auteurs qui défendent le deuxième système, les uns tentent de réfuter la définition que donne Delvincourt du mot *capitalis* en droit Romain, mais sans succès, car il n'est guère possible de démontrer que le mot *pœna capitalis* en droit Romain ne s'entendait que des peines qui avaient pour résultat la perte de la vie. La loi 28, *prœ, de pœnis*, en cite d'autres ; en effet, la « metalli cœrcitio, » que Callistrate déclare « pœna proxima morti, » et la « deportatio in insulam, » qui ne sont que des variétés de la *pœna capitalis*. Je pense qu'il vaut mieux réfuter cet argument en disant simplement que le mot *capital* netraduit pas exactement le mot latin *capitalis*. Que le dernier est au premier ce que l'espèce est au genre. Qu'en latin les mots *pœna capitalis* comprennent bien la peine de mort, mais qu'ils en comprennent d'autres auxquelles notre expression *peine capitale* ne saurait s'appliquer. Qu'en un mot chez nous on n'entend jamais par *peine capitale* que celle qui met la tête en péril.

C'est aussi dans ce sens que les anciens auteurs français employaient le mot *capital* en matière de peine (Nouveau Denizart, v° Capital, n° 7 ; Ferrière, Dict. de Droit, v° Peine capitale ; Merlin, Rep. v° Peine).

Quant à l'argument tiré de ce que le crime est aussi grand quand on attaque l'honneur d'une personne que si on lui donne la mort, car l'honneur pour un homme honnête est un bien aussi précieux que la vie, on le réfute par la considération suivante. Il ne faudra pas seulement s'arrêter aux accusations entraînant des peines infamantes, car il en est d'autres encore qui peuvent entacher l'honneur d'un condamné. Par exemple : l'emprisonnement pour vol et escroquerie n'est-il pas mille fois plus déshonorant que la peine de la dégradation civique prononcée contre un fonctionnaire public pour empiétement et excès de pouvoir. Mais alors, on ne saurait plus où l'on doit s'arrêter.

Rappelons enfin que les trois cas d'indignité dont parle l'art. 727 sont tous relatifs à une circonstance qui donne ouverture à la succession ; tandis qu'il n'en serait pas de même dans le cas d'une accusation qui n'entraînerait qu'une peine infamante.

Disons donc que les mots *accusation capitale* signifient une accusation pouvant entraîner la peine de mort. Avant la loi du 3 mai 1854 ils comprenaient toutes les peines qui avaient pour conséquence la mort civile. En effet celle-ci donnait lieu à l'ouverture de la succession.

Jugée calomnieuse. — La cause de l'indignité, c'est l'accusion capitale. Le mode de constatation légale, ce sera le jugement qui la déclarera calomnieuse. Que si, au contraire, elle ne contenait que l'énonciation d'un fait vrai, quelle qu'en soit la gravité, quelle que soit la peine qu'il doive entraîner, l'indignité n'est pas encourue. La dénonciation d'un crime est, dans ce cas, comme on l'a dit, un devoir envers la société.

Ici se place une question importante. Quelle est la juridiction qui pourra rendre le jugement dont nous venons de parler ? Est-ce la juridiction civile ? Est-ce la juridiction pénale ? C'est un point controversé. M. Demante (Des successions, 35 bis VIII) tient pour la juridiction civile, même en dehors du cas où cette juridiction est admise dans l'art. 359 ; mais il ne paraît pas avoir une bien ferme conviction de l'excellence de ce système. Voici comment il s'exprime à ce sujet : Pour moi, sans contredire absolument la doctrine contraire, et en convenant d'ailleurs qu'elle serait en parfaite harmonie avec la disposition qui, pour constituer le premier cas d'indignité, exige une condamnation, je dois cependant remarquer que le mot de condamnation n'est pas ici dans les termes de la loi; ce que la loi exige, c'est un jugement qui qualifie l'accusation : et peut être serait-on fondé à en conclure que le jugement sur ce point pourrait n'intervenir que dans la sentence même qui prononce l'exclusion sur la demande des héritiers. C'est ainsi, évidemment, qu'une demande en révocation pour cause d'ingratitude, fût-elle fondée sur un délit, pourrait, dans des délais fixés par la loi, être intentée par les héritiers du donateur.

Dans un deuxième système on prétend qu'il faut que l'accusation ait été déclarée calomnieuse par la juridiction pénale, c'est-à-dire par la cour d'assises ou par un tribunal correctionnel. D'après les art. 358 et 359 du code d'instruction criminelle, l'accusé acquitté peut obtenir des dommages intérêts contre ses dénonciateurs, pour fait de calomnie; mais il devra sous peine de déchéance, former sa demande avant le jugement, s'il a connu son dénonciateur, ou avant la fin de la session, s'il ne l'a connu que depuis le jugement; et s'il ne l'a connu qu'après la clôture de la session, il n'aura pour former sa plainte, que trois ans à partir du délit, soit qu'il en ait ou qu'il n'en ait pas connu l'auteur; mais dans ce dernier cas sa demande devra être portée au tribunal civil. Il y a en outre l'art. 373 du Code pénal, en vertu duquel, qui conque aura fait par écrit une dénonciation calomnieuse contre un ou plusieurs individus aux officiers de police ou de justice administrative ou judiciaire, sera puni d'un emprisonnement d'un mois à un an, et d'une amende de cent francs à trois mille francs.

Trois espèces de tribunaux peuvent donc avoir à connaître d'une action en dénonciation calomnieuse : la cour d'assises, le tribunal civil, le tribunal correctionnel. Dans le second système on élimine le tribunal-civil. Il est vrai, dit-on, que l'art. 727 2° contient le mot *jugé* sur lequel est en grande partie basé le premier système, mais il est certain que ce mot peut avoir le même sens que le mot *condamné* du 1°, et cela pour les mêmes raisons qui nous ont fait adopter l'opinion suivant laquelle il fallait dans l'hypothèse du 1° qu'il y ait eu condamnation pénale pour que l'indignité pût être déclarée. Or, une telle condamnation ne saurait être prononcée que par la cour d'assises ou par un tribunal correctionnel.

Dans un troisième système, il faut pour que l'indignité soit prononcée, que l'accusation soit jugée calomnieuse soit par la cour d'assises, soit par le tribunal correctionnel, soit enfin dans l'art. 359, *in fine,* par le tribunal civil. Nous pouvons ici invoquer en faveur de ce système l'argument tiré par la première opinion de ce que l'art. 727 2° contient non pas le mot *condamné*, mais le mot *jugé.* D'ailleurs, les rédacteurs du Code se sont référés à l'art. 426 du Code de Brumaire an IV, ainsi conçu : Tout individu ainsi acquitté, peut poursuivre ses dénonciateurs pour ses dommages-in-

térêts. Alors il n'y avait pas de délai préfixe ni de ju
ridictions déterminées pour intenter cette action. Depuis, les Codes d'instruction criminelle et pénal sont
venus régler l'exercice de cette action, c'est donc à
eux que nous devons aujourd'hui nous référer pour
trouver la solution de la question.

Le pardon accordé par le *de cujus* à l'héritier efface-
t-il la cause d'indignité ? Non. Une fois encourue, l'indignité empêche toujours l'héritier de prendre part à
la succession.

Nous avons déjà étudié une question analogue sur
le 1° de l'art. 727, et les mêmes raisons de décider
nous font adopter ici la même solution. Il est vrai
cependant que bien que coupable d'une action calomnieuse envers le *de cujus* l'héritier pourra arriver à la
succession, si le défunt lui pardonne; mais à cette
condition qu'il n'y ait pas eu jugement déclarant l'accusation calomnieuse. Remarquons toutefois que ce
n'est pas le pardon du *de cujus* qui efface l'indignité,
car elle n'a jamais été encourue puisqu'il n'y a pas eu
jugement.

§ 3. *Troisième cause d'indignité*

Est indigne l'héritier majeur qui, instruit du meurtre
du défunt, ne l'aura pas dénoncé à la justice. En droit
Romain l'héritier était tenu non pas seulement de dé-

noncer le meurtre du défunt, mais encore de se porter accusateur du meurtrier, et cela sous peine d'indignité. Dans l'ancien droit il en était de même, et Lebrun (liv. iii chap. ix, n° 5), écrivait qu'il n'y a rien de plus capable d'arrêter la fureur d'un homicide comme la crainte de la vengeance des enfants ou des autres héritiers, qu'il prévoit devoir être indispensablement obligés de le poursuivre. Cependant déjà on sentait le besoin d'adapter aux usages nouveaux le principe en vertu duquel un héritier ne saurait sous peine d'indignité rester indifférent en face du meurtre de celui à qui il va succéder ; déjà, d'après les usages, le soin de la vengeance du défunt était remis au ministère public ; et Pothier hésitait à croire que cette cause d'indignité dut être admise en France.

Aujourd'hui, ce n'est plus seulement dans les usages qu'on trouve le ministère public, c'est maintenant une institution qui fait partie de notre organisation judiciaire. Aussi, a-t-on dû modifier la cause d'indignité du droit Romain et de l'ancien droit On n'est plus tenu de venger le meurtre du défunt, et de requérir le châtiment du meurtrier. Ce n'est plus par un motif d'ordre public et pour empêcher le crime par la crainte d'un châtiment rendu inévitable par l'intérêt de l'héritier, qu'on prononce l'indignité dans ce cas. Le ministère public veille pour tout le monde, et les coupables il sait les rechercher avec un soin et une vigilance qui suffisent pour effrayer à l'avance ceux qui pourraient avoir de mauvais desseins. Seule-

ment le législateur a vu une indifférence impardon-
nable, et même une espèce de complicité morale dans
le silence dont l'héritier couvre le meurtre du
défunt. N'est-ce point, en effet, prêter assistance au
meurtrier que de permettre que le crime qu'il a
commis, et dont on a connaissance, reste impuni.

Le Code n'exige même plus que l'héritier dénonce
le *meurtrier*, il suffit qu'il dénonce le *meurtre*. On a
fait valoir que l'héritier pouvait être arrêté dans l'accomplissement de son devoir par la crainte que l'accusation par lui portée ne se trouvant pas justifiée, il ne
fût poursuivi pour dommages-intérêts par celui qu'il
avait désigné comme meurtrier. De plus, n'avait-il pas
à redouter la vengeance des parents ? Enfin, il
pouvait ne pas être certain du nom du coupable, et
n'avoir à ce sujet que des indications très-vagues.
Mais, répond-on, à cette dernière considération, il
n'aurait été tenu de dénoncer le nom de meurtrier
que s'il le connaissait. Cela est vrai, mais n'avait-il
pas la ressource de se retrancher derrière ces incerti-
tudes, et dans ce cas la preuve qu'il connaissait le
meurtrier eût été bien difficile à faire. La loi n'oblige
l'héritier qu'à une chose, dénoncer le meurtre du
défunt. Que si maintenant il est appelé comme
témoin dans le procès criminel intenté contre le
meurtrier, il devra fournir tous les renseignements
qu'il lui sera possible de donner. Du reste, ce rôle
de témoin, s'il le remplit fidèlement, ne l'expose
pas à une condamnation en dommages-intérêts envers

l'accusé qui serait acquitté, comme l'y exposerait la qualité de plaignant ou de dénonciateur de la personne.

L'article 727 3° exige, pour que l'indignité soit encourue, que l'héritier soit majeur. La jurisprudence avait déjà, dit Merlin, accepté cette décision dans l'ancien droit. C'est qu'en effet elle est parfaitement équitable. Un enfant pourrait-il être chargé d'une pareille responsabilité, et ne serait-il pas étrange qu'un mineur qui ne peut pas aliéner valablement une portion quelconque de son patrimoine, pût ainsi se dépouiller de toute une succession ? Ces raisons nous font étendre la même décision aux interdits, aux individus non interdits, mais placés dans des établissements, soit publics soit privés d'aliénés (loi du 25 juin 1838).

Plusieurs auteurs (Taulier T. III, p. 137, Demante, T. III, n° 35 bis, IX) sont d'avis que l'héritier qui ne se trouverait dans aucune de ces deux conditions, (minorité, interdiction), si d'ailleurs l'état de ses facultés mentales était évidemment exclusif de toute idée de faute et de négligence, ne devrait pas être déclaré indigne en cas de non dénonciation du meurtre du *de cujus*. Pour moi, je ne saurais partager leur opinion. Le législateur en ajoutant dans l'art. 727 3° au mot *héritier* l'épithète de *majeur*, me parait avoir clairement indiqué sa pensée. L'héritier qui « propter imbecillitatem animi » n'aura pas pu dénoncer le meurtre du *de cujus* ne sera pas déclaré indigne. Il faut que cette faiblesse d'esprit ait été judiciairement

reconnue par les moyens que la loi met à la disposition de ceux qui y ont intérêt : Je veux parler de la
faculté qu'on a de faire interdire celui qui n'est pas
en état de gérer ses affaires, ou de le placer dans un
établissement d'aliénés suivant les prescriptions de la
loi de 1838. Ainsi dans le cas qui nous occupe joui-
ront seuls du bénéfice accordé implicitement par l'art.
727 3° les mineurs, les interdits, les individus placés
dans une maison d'aliénés.

Ce que la loi a précisément voulu éviter, ce sont
ces constations si difficiles qui ont pour objet la sanité
de l'esprit, le plus ou moins grand développement de
l'intelligence, et on les rétablirait dans le cas qui nous
occupe, quand on découvrira quelquefois longtemps
après l'ouverture de la succession que l'héritier a
connu le meurtre. Comment alors vérifier l'état de
ses facultés à l'époque du crime ?

D'ailleurs, ce serait, je crois, une question bien déli-
cate que celle qui serait posée. L'héritier avait-il les
facultés mentales assez développées pour avoir commis une faute en ne révélant pas le meurtre qu'il connaissait ? La loi a prévu ces difficultés, et nous avons
l'interdiction qui sert précisément à les éviter.

Enfin ce serait là une manière trop large d'interpréter la loi. Que dit l'art. 727 3°. « L héritier majeur,
etc. » Partant de cette idée que l'état d'une personne interdite ressemble beaucoup à celle d'un mineur, nous étendons à l'interdit la décision donnée
pour le mineur. Jusque-là nous avons en faveur de

cette interprétaton un grand nombre de cas où on procède de même. Mais non content de cette assimilation,
nous faisons cette fois un pas énorme, et nous étendons à toutes les personnes dont l'état des facultés
mentales est exclusif de toute idée de faute et de négligence, le bénéfice que la loi accorde à l'interdit. Je
pense donc qu'il faut restreindre à l'interdit, et à la personne placée dans un établissement public ou privé d'a-
liénés en vertu de la loi du 25 juin 1838, le bénéfice que
la loi accorde implicitement au mineur dans l'art 727 3°.

Ici se présente une question que les auteurs ont résolue en sens divers. Si l'héritier mineur lors de l'ouverture de la succession devient majeur, doit-il alors
dénoncer le meurtre dont il était instruit ? Poujol,
art. 727 n° 11, Ducaurroy, Bonnier et Roustaing T. ii,
n° 429 ; Massé et Vergé sur Zachariæ T. ii. tiennent
pour la négative, et voici ce qu'ils disent à ce sujet :
l'art 727 détermine les indignités de succéder, et les
causes d'exclusion des successions, et non des causes
de déchéance. Ils supposent donc que la cause au moment de l'ouverture de la succession, pour en exclure
l'héritier indigne ; et ils ne se rapportent pas à une cause
qui prenant naissance postérieurement à l'ouverture
de la succession, aurait pour effet de faire déchoir l'héritier d'un droit dont il aurait été régulièrement et
légalement saisi. En d'autres termes, le texte de l'art.
727 s'oppose à ce que l'héritier qui n'est pas indigne
de succéder, et qui a succédé, puisse ensuite devenir
indigne de conserver la succession qui lui a été dé-

voluo. Il suit de là que l'héritier mineur, au moment de l'ouverture de la succession, et qui, en sa qualité de mineur, n'était pas tenu de dénoncer le meurtre du défunt, n'est pas tenu de le dénoncer plus tard, lorsqu'il vient à atteindre sa majorité.

Telle n'est pas l'opinion de Demante, Marcadé, et Duranton. Opinion que je partage entièrement. Pour eux l'indignité est une déchéance, comme nous le démontrerons d'ailleurs plus tard. Rien n'empêche dès lors que l'indignité ne soit encourue postérieurement à l'ouverture de la succession. De plus, si on ne l'admettait pas, il faudrait aller jusqu'à dire que l'héritier majeur qui ignore le meurtre au moment de l'ouverture de la succession, et qui plus tard vient à le découvrir, n'est pas obligé de le dénoncer sous peine de se voir déclarer indigne. Messieurs Massé et Vergé sur Zachariæ admettent cependant cette conséquence extrême de leur système : « Par la même « raison, l'héritier majeur qui, au moment de l'ou- « verture de la succession, n'était pas instruit du « meurtre du défunt, et qui vient plus tard à en être « instruit, et ne le dénonce pas, ne devient pas in- « digne. » Cela est logique, mais on en tire un argument contre leur système. Il faudrait donc que l'héritier ait été témoin du meurtre du *de cujus*. Que s'il est éloigné du lieu où il a été commis, si le crime a eu lieu à l'aide du poison ou par quelque moyen difficile à découvrir, il sera impossible que l'héritier en ait connaissance au moment même de l'ou-

verture de la succession et puisse le dénoncer. L'art.
727 ne ferait donc que prévoir le cas où l'héritier a été
témoin du meurtre. Or les termes de cet article ne se
prêtent pas à cette interprétation.

Enfin le silence de l'héritier devenu majeur n'est-il
pas aussi injurieux, aussi coupable envers le défunt
dans un cas que dans l'autre ? Tout ce que l'art. 727
exige, c'est que l'héritier ait atteint sa majorité
pour pouvoir être frappé de la peine que mérite sa
faute ; quelle que soit d'ailleurs l'époque à laquelle
il ait connu le meurtre.

La loi ne fixe pas dans quel délai doit avoir lieu la
dénonciation. Si l'héritier l'a faite avant le décès du
de cujus. Messieurs Vergé et Massé sont d'avis qu'elle
aura été toujours faite en temps utile. Pour le temps
quis'écoule après la mort, il n'y a pas de limite fixe.
Ce sera là un point de fait que les tribunaux devront
décider. Qu'est-ce qui constitue la faute qu'on punit
de l'indignité ? C'est l'insouciance, l'indifférence coupable de l'héritier. Mais combien de jours, de mois,
constituent cette indifférence ? Ce sera le juge qui
devra le décider. Il devra tenir compte des circonstances qui ont entouré le crime, de l'éloignement de
l'héritier, etc.

Dans l'ancien droit on devait venger la mort du défunt, avant d'appréhender la succession. Le plus léger
acte d'héritier suffisait pour faire encourir l'indignité.
Demander la maintenue dans la succesion du défunt
était un acte suffisant. C'est ce qui avait été jugé par

l'arrêt fameux du parlement de Toulouse du 31 mai 1748, contre le sieur Fontanes, au sujet de la succession de son frère, tué dans son château d'une balle de fusil ou de pistolet. Aujourd'hui la question est encore douteuse. La loi d'ailleurs est muette sur ce point. Voici l'espèce : Un héritier connaît le meurtre du défunt, doit-il le dénoncer avant d'appréhender la succession? Duranton le pense ; il doit, dit-il, s'abstenir de toucher aux biens de la succession tant qu'il n'a pas rempli ce devoir sacré. Monsieur Demolombe est d'avis différent : Le seul fait de l'immixtion de l'héritier dans les biens héréditaires ne suffirait pas, suivant lui, en général, lors même que ce fait constituerait une acceptation, tacite ou même expresse, si d'ailleurs il n'avait pas tardé ensuite à faire la dénonciation. Je partage cette dernière opinion, car le fait de se faire mettre en possession des biens héréditaires n'est pas une circonstance aggravante de la faute commise par l'héritier retardataire. Tout ce qu'on doit considérer, c'est ce seul point : L'héritier est-il coupable d'injure envers la mémoire du défunt ? Pourquoi le fait d'avoir appréhendé la succession le rendrait-il coupable, s'il lui a été possible de le faire avant de dénoncer le meurtre.

Que devra-t-on décider si l'héritier a été devancé dans sa dénonciation par les poursuites du ministère public ? On ne saurait dans ce cas prononcer l'indignité, pourvu toutefois que l'héritier n'ait pas mis à faire sa démarche un retard qui le rendrait coupable

envers le défunt. Mais cette raison seule que le ministère public a commencé ses poursuites avant que l'héritier n'ait dénoncé le meurtre ne serait pas suffisante
pour faire déclarer l'indignité. Il faudrait donner la
même décision pour le cas où l'héritier a été devancé
par des parents du défunt ou par des cohéritiers.
Cela est évident, puisque nous avons posé ce principe
qui nous donne la solution de toutes ces questions, que
l'héritier doit faire sa dénonciation aussitôt qu'il le
peut, et que le retard qu'il met dans l'accomplissement de ce devoir ne doit lui être préjudiciable,
qu'autant qu'il provient de sa négligence. D'ailleurs,
pour le cas qui nous occupe, il ne serait pas convenable que l'indignité de l'héritier devînt le prix de la
course pour ses cohéritiers.

On peut se demander si l'héritier se trouve dispen-
sé de dénoncer le meurtre du *de cujus*, quand il est
déjà connu de la justice. Je le pense. En effet, le but
que s'est proposé l'art. 727 est rempli, l'héritier ne
peut plus avoir à se reprocher une négligence coupable. Seulement il fera bien d'acquérir les preuves
certaines de la connaissance que la justice a du crime,
car s'il avait commis une erreur, s'il avait cru à tort
n'avoir pas besoin de faire sa dénonciation, on pourrait voir dans ce fait une négligence qui pourrait suffire pour faire prononcer l'indignité.

Il nous reste à examiner quelques questions qui
ont trait à des hypothèses particulières. Et d'abord,
l'héritier est-il tenu de dénoncer l'homicide commis

sur le défunt, même s'il n'a pas été volontaire ? Non, car notre article ne l'oblige qu'à dénoncer le meurtre, et un homicide involontaire, par exemple, n'est pas un meurtre. Mais si le meurtre n'est qu'excusable, il devra le dénoncer ; car il y a toujours meurtre dans ce cas, et on se trouve dans les termes de la loi.

Si avant sa mort le *de cujus* a fait grâce à son meurtrier, l'héritier est-il malgré cela tenu de dénoncer le meurtre ? En Droit Romain, et dans notre ancien droit (L. 2. *de senatus consulto Silaniuno D*. Lebrun liv. III chap. IX n° 6), on décidait que dans ce cas l'héritier par son silence n'encourait pas l'indignité. Aujourd'hui on ne peut accepter cette décision. Le fondement de l'indignité en droit romain et dans notre ancien droit c'était la présomption qu'en présence d'une négligence aussi coupable à dénoncer le meurtre dont il est victime, le *de cujus* aurait exhérédé l'héritier. On comprend que cette présomption tombait quand le défunt avait pardonné à son meurtrier. Notre Code n'a pas considéré cette présomption d'exhérédation comme le seul fondement de l'indignité. Il y a en plus une considération d'ordre public, qui conserve toute sa portée malgré le pardon accordé par le défunt. Bien plus, si en faisant grâce à son meurtrier, le *de cujus* avait défendu à l'héritier de dénoncer le meurtre, je pense qu'on serait autorisé à poursuivre malgré cela l'indignité de l'héritier qui aurait gardé le silence.

Que décider dans le cas où l'héritier a connu les projets du meurtrier, et ne s'est pas opposé à leur

exécution ? Dans l'ancien droit, on prononçait l'indignité dans ce cas. Voici ce que Lebrun dit à ce sujet:
« Non-seulement celui qui a attenté sur la personne
« du défunt, mais encore celui qui, pour n'avoir pas
« révélé le dessein de l'assassin, est cause de sa mort,
« quoiqu'indirectement.... (Liv. III, chap. IX, n° 4). »
Dans l'état actuel de notre législation il est impossible
d'accepter cette décision. Ce cas ne tombe en effet ni
sous l'application du 1° de l'art. 727; car le fait d'avoir
connu les projets du meurtrier ne peut pas constituer
l'héritier complice, ni sous l'application du 3° du
même article, si une fois le meurtre commis, il l'a
dénoncé. Il est bien certain cependant que ce sera toujours un spectacle bien triste, et bien peu moral que
celui que présentera un héritier recueillant les biens
d'une personne dont il aurait pu empêcher la mort
Mais on ne peut dans le silence da la loi décider autrement, surtout quand on songe que l'indignité est
une peine, et qu'en pareille matière on doit toujours
interpréter les textes aussi littéralement que possible.

Il faut remarquer que c'est l'héritier seul qui est
tenu sous peine d'indignité de dénoncer le meurtre du
défunt. Il suit de là que les autres parents de la victime
n'y sont pas obligés. Cependant ce devoir commence
pour eux avec la même sanction à partir du jour où
par la renonciation du parent le plus proche, ils se
trouveraient appelés eux-mêmes à profiter de la succession que ce meurtre a ouverte. Il en était d'ailleurs

ainsi dans l'ancien droit. Le fameux arrêt du parlement de Toulouse du 31 mai 1748, dont nous avons déjà parlé, contient à ce sujet la disposition suivante : Les parents au second degré, ne sont tenus de venger la mort du défunt que subordonnément, et après que les parents du premier degré ont été déclarés indignes de la succession (Merlin, Rep., Indignité ; n° 49).

Pour prononcer ce troisième cas d'indignité, la juridiction compétente sera le tribunal civil. Il n'y a pas de raison ici pour assimiler ce cas aux deux autres qui le précèdent. Le tribunal saisi de la demande en déclaration d'indignité pour défaut de dénonciation du meurtre du défunt sera chargé directement d'en vérifier l'existence.

La loi dans l'art. 728 a consacré une exception aux principes que nous venons d'établir. Comment en effet les appliquer au cas ou l'héritier est proche parent du meurtrier? Si l'héritier obéit aux prescriptions de l'art. 727. il expose son parent aux peines les plus sévères, et sa famille à la honte et au déshonneur, si au contraire il ne s'y conforme pas, il encourt l'indignité. Cette cruelle alternative a appelé l'attention du législateur, qui pour remédier à un mal si grand a ajouté l'art, 728 ainsi conçu :

« Le défaut de dénonciation ne peut être opposé
« aux ascendants et descendants du meurtrier, ni à
« ses alliés au même degré, ni à son époux ou à son
« épouse, ni à ses frères ou sœurs, ni à ses oncles et
« tantes ni à ses neveux et nièces. »

Déjà dans notre ancien droit on trouve une décision semblable. Il résulte d'arrêts nombreux cités par Merlin (Rép. Indignité, n° IV) que la parenté faisait obstacle à ce que l'indignité fut prononcée si l'héritier n'avait pas vengé le meurtre du *de cujus* quand il était ascendant ou descendant, mari ou femme, frère ou sœur, oncle ou tante, nièce ou neveu du meurtrier.

L'énumération des personnes qui jouissent du bénéfice accordé par l'art. 728 n'est pas complète, si on prend le texte tel qu'il se tient et comporte. Il faut en effet rejeter à la fin de l'art. les mots « *et alliés au même dégré* » ce qui comprend en plus des personnes déjà citées, celles qui sont alliées du meurtrier à titre de frère ou sœur, oncle ou tante, neveu ou nièce. Voici ce qui nous autorise à faire cette interposition.

Lors de la rédaction de l'art. 728, le projet adopté au conseil d'État était ainsi conçu :

« Le défaut de dénonciation ne peut être opposé
« aux ascendants et descendants du meurtrier, ni à ses
« alliés en ligne directe, ni à son époux ou à son
« épouse ; ni à ses frères et sœurs, ni à ses oncles et
« tantes, ni à ses neveux et nièces. »

Ce projet était encore plus restrictif que le texte de l'article 728, car le défaut de dénonciation qui ne pouvait pas être opposé aux alliés en ligne directe aurait pu l'être aux alliés en ligne collatérale du meurtrier ; mais le tribunal jugea qu'il était plus convenable d'étendre le bénéfice aux alliés en ligne collatérale, faisant remarquer que dans toutes les lois relatives soit au mariage, soit aux témoins en matière civile ou criminelle, les alliés sont toujours placés sur la même ligne que les parents ; pour être admis ou exclus comme eux, il faut qu'ils soient au même degré ; l'alliance les identifie avec la famille. Il propose donc 1° de supprimer les mots : « *ni à ses alliés en ligne directe,* » 2° de placer à la fin de l'article ceux-ci : « *ni à ses alliés au même degré* » (Fenet, t. XII). Cette observation fut adoptée, mais au lieu de placer à la fin de l'article les mots ; « *ni à ses alliés au même degré,* » on les mit purement et simplement à la place des mots : « *ni à ses alliés en ligne directe.* » Cette inadvertance a donc donné à l'art. 728 une portée plus restreinte que celle que les rédacteurs du Code avaient eu l'intention de lui donner. Aussi connaissant leur pensée nous pouvons rétablir l'article tel qu'ils l'avaient compris, et faire la transposition qu'ils avaient adoptée.

Il peut arriver que le parent ou allié de l'héritier au degré que nous venons de fixer ne soit pas auteur principal du meurtre, et qu'il soit complice du meurtrier ; nous devrons décider par les mêmes motifs que le défaut de dénonciation ne pourra pas être opposé à l'héritier. Marcadé et Demolombe vont plus loin : « Il y « aurait également dispense, disent-ils, s'il était éta- « bli que les apparences ont dû faire croire à la cul- « pabilité de l'un des parents ou alliés ci-dessus,

« quoique cette culpabilité n'existât pas ; alors, en
« effet, ce n'est pas d'une insouciance coupable que
« provient le silence de l'héritier, c'est de la pensée,
« toute morale et approuvée par la loi, de ne pas livrer
« lui-même un proche parrent au bourreau. L'héritier
« est donc alors sous la protection de l'art. 728, et
« ne peut pas être déclaré indigne. » (Marcadé, art.
728, iv).

L'application de l'art. 728 est très simple, si le
meurtrier est connu au moment où on intente contre
l'héritier une demande pour le faire exclure de la succession comme indigne. Il lui suffira de faire observer
que le meurtrier étant son parent, il n'était pas tenu
de dénoncer le meurtre. Mais il pourra arriver dans
certains cas que le bénéfice de l'art. 728 devienne illusoire, et que l'héritier se trouve placé entre l'affection
qu'il a pour ses parents, et l'intérêt qu'il a à ne pas
être dépouillé d'une succession. Supposons par exemple que le meurtre soit découvert, qu'on prouve que
l'héritier en a eu connaissance, et que l'héritier sache
que l'auteur est son parent ou son allié au degré fixé
par l'art. 728. Si on intente contre lui une action
pour le faire déclarer indigne, il sera forcé ou de taire
le nom du meurtrier, et alors il sera exclu de la succession, ou de le faire connaître, et alors il aura manqué aux devoirs de piété et d'affection que l'on doit
remplir à l'égard de ses proches.

Suivant Demante, le cas se présentera rarement ;
car il faudra pour fonder l'exclusion sur le défaut de

dénonciation; établir d'abord qu'il y a eu meurtre ; or, il n'y a guère qu'un débat contradictoire avec le meurtrier, qui puisse imprimer à l'homicide commis le caractère de meurtre. On cite cependant deux cas dans lesquels notre hypothèse se présentera :

1° Le meurtre a été commis par plusieurs, l'un des complices est condamné, les autres sont inconnus et l'un deux est le parent de l'héritier.

2° Il y a eu information, et il en est résulté que le défunt a été victime d'un meurtre, dont l'auteur est cependant inconnu ; et ce meurtrier est le parent de l'héritier.

Il nous reste à examiner une dernière question : si l'héritier dans le cas qui nous occupe a préféré taire le nom de son parent, meurtrier du *de cujus* que de recueillir la succession en violant le devoir que la piété et l'affection, que l'on a d'ordinaire pour ses parents, lui imposaient, que devra-t-on décider si plus tard le nom du meurtrier vient à être découvert ? Rescindra-t-on les effets de l'indignité prononcée? maintiendra-t-on l'état de choses créé par le jugement qui prononce l'exclusion de la succession ? Il faudra faire une distinction. Le jugement est-il encore attaquable par la voie de l'opposition, de l'appel ou de la requête civile, on pourra le faire tomber, en considérant comme un dol personnel la conduite de ceux qui tout en connaissant la raison qui obligeait l'héritier à taire le nom du meurtrier, n'en ont pas moins poursuivi l'instance afin de faire déclarer l'indignité. Que si aucontraire ce jugement est passé en force de chose jugée, l'héritier n'a plus aucun recours contre ceux qui ont recueilli la succession à son préjudice.

CHAPITRE II

DE LA DÉCLARATION D'INDIGNITÉ

Nous allons dans ce chapitre traiter les questions qui ont trait à la procédure à suivre pour arriver à faire prononcer l'indignité. Nous nous demanderons d'abord si l'indignité a lieu de plein droit ? Puis, par qui et contre qui elle doit être demandée? Par devant quel tribunal ? à quelle époque ? Enfin par quel laps de temps l'action en déclaration d'indignité est prescrite?

§ 1. *L'indignité a-t-elle lieu de plein droit?*

C'est une question très vivement controversée que de savoir si l'indignité est la conséquence légale de la condamnation qui a été prononcée contre le meurtrier ou contre le calomniateur, ou bien au contraire s'il faut un jugement spécial qui prononce l'indignité. En d'autres termes : l'indignité a-t-elle lieu de plein droit ?

L'intérêt de cette question s'aperçoit facilement. Si l'on adopte l'affirmative, l'indigne ne sera pas héritier, sa déchéance aura lieu sans avoir été prononcée par la justice. Enfin, toute personne qui y aura intérêt pourra opposer à l'indigne son indigniité. Que si l'on adopte la négative, l'indigne sera héritier, il faudra que la justice intervienne pour lui enlever cette qualité ; enfin ne pourront opposer à l'indigne son indignité que certaines personnes qui auront qualité pour le faire.

L'affirmative est soutenue par MM. Dalloz (Rép. Succession, chap. 3, art. 2), et Massé et Vergé sur Zachariæ (T. II, p. 245). Cette opinion a d'ailleurs pour elle la jurisprudence qui se résume en un arrêt de la Cour de Bordeaux du 1er décembre 1853. Cet arrêt très-bien motivé expose tous les arguments de ce système. Il est rendu dans un cas où l'indignité a été encourue par un héritier qui a donné la mort au défunt. Voici ce qu'il contient relativement au cas qui nous occupe : « Attendu que l'art. 727 C. N., déclare indigne de succéder, et comme tel exclu de la succession, celui qui aurait été condamné pour avoir donné ou tenté de donner la mort du défunt :

« Attendu que l'indignité et l'incapacité de succéder sont en ce cas la conséquence directe et nécessaire de l'arrêt devenu souverain, etc... ; »

« Qu'elles ont donc lieu de plein droit, sans qu'il soit besoin de les faire prononcer par les tribunaux civils ; »

« Attendu qu'en présence de la disposition si impérative de l'art. 727, on ne saurait en effet concevoir l'intervention du juge civil, intervention d'ailleurs inutile là où la loi a virtuellement attaché l'indignité à l'arrêt de condamnation ; »

« Attendu que nul ne pouvant se rendre justice à soi-même, le juge civil peut bien être appelé à statuer sur les difficultés auxquelles peut donner lieu l'indue détention des biens héréditaires par l'héritier exclu, mais que cette nécessité n'infirme nullement la force attachée à l'arrêt de condamnation.

Disons cependant que la théorie adoptée dans ce système ne peut s'appliquer qu'aux deux premiers cas d'indignité contenus dans l'art. 727 ; quant au troisième, celui où l'héritier n'a pas dénoncé le meurtre du défunt, il nécessitera un examen préalable et contradictoire avec l'héritier. Il faudra qu'il intervienne une déclaration judiciaire constatant qu'il a eu connaissance du meurtre du défunt et qu'il ne l'a pas dénoncé. De sorte que l'indignité ne sera pas encourue de plein droit, et qu'elle ne pourra être que la conséquence d'un jugement.

La négative a pour elle la majorité des auteurs. Voici les arguments qu'on invoque dans ce système :

1° Demante considère l'indignité d'après les termes même de la loi comme une cause d'exclusion qui ne peut tomber que sur une personne capable de succéder ; de telle sorte qu'il faut bien distinguer l'indignité de l'incapacité. L'indignité est une

peine qui, bien que méritée auparavant, ne s'encourt
que par le prononcé du juge. N'est-ce pas là l'application la plus naturelle du mot *exclusion*, qui exprime
plutôt l'idée d'expulsion que celle d'obstacle à l'en-
trée? Ainsi donc, elle ne fait pas obstacle à la saisine,
et dès lors, il faudra un jugement pour en enlever le
bénéfice à l'indigne.

2° C'est là la tradition Romaine. Nous nous rappelons, en effet, que l'indignité ne détruisait pas l'institution ou la vocation héréditaire; le bénéfice seulement en était enlevé pour être attribué au fisc. Notre
ancien droit a suivi le même principe, sans toutefois
déférer au fisc ce qu'on enlevait à l'indigne. Cujas disait : « *Indignus potest capere, non retinere.* »

3° C'est cependant sur les termes mêmes de l'article 727 que s'appuie le système contraire. Il semble
aux auteurs partisans de l'affirmative que ce texte ne
peut s'expliquer que d'une seule manière : l'indigne
est exclu de la succession par le fait même de l'arrêt
qui le condamne comme meurtrier du défunt. Telle
n'est pas la véritable interprétation de cet article, car
on lui fait dire ce qu'il ne dit pas, et ce qui justement
forme l'objet de la controverse. Voici au contraire
l'explication la plus naturelle : Celui qui aura été condamné pour avoir donné la mort au défunt sera frappé
de la peine de l'indignité, et exclu de la succession.
Mais quand on attache une peine quelconque à un
fait, à une action, est-ce que de plein droit ce fait, ou
cette action entraîne la peine prononcée? Non, il faut

encore que les tribunaux prononcent, Il en est de même ici. L'art. 727 édicte une peine contre l'héritier qui se trouvera dans certaines circonstances qu'il détermine. Mais cette peine ne sera pas encourue de plein droit, elle devra être prononcée par un tribunal.

Ne faut-il pas, en effet, que le juge examine si l'héritier se trouve précisément dans le cas prévu par l'art. 727. C'est ce que dit M. Berthauld dans son étude sur *les questions et exceptions préjudicielles en matière criminelle* : « Je ne dis pas avec la cour de « Bordeaux, que l'indignité et l'incapacité de succéder « sont, en ce cas, la conséquence directe de l'arrêt « devenu souverain ; qu'elles ont lieu de plein droit, « sans qu'il soit besoin de les faire prononcer par les « tribunaux civils ; à mon avis, le juge civil pourrait, « par exemple, examiner si le meurtre déclaré excu- « sable, entraînerait ou n'entraînerait pas l'indignité ; « lié, quant à la constatation du fait, il conserverait « toute sa liberté, pour en apprécier les consé- « quences civiles... »

4° Voici, pour terminer, une considération qui montre combien le système de l'affirmative est peu logique. Tous les auteurs qui le soutiennent, admettent qu'il ne saurait s'appliquer au troisième cas d'indignité prévu par l'art. 727, celui où l'héritier a négligé de dénoncer le meurtre du défunt. M. Devilleneuve, à propos cet arrêt de la cour de Bordeaux reconnaît même qu'il ne s'applique pas non plus au deuxième, c'est-à-dire à celui où l'héritier a porté contre le défunt une accusation jugée calomnieuse. Or, cependant, on s'appuie dans cette opinion sur le texte de l'art. 727 « *sont indignes de succéder et comme tels exclus de la succession... etc.* » Mais ces mots doivent avoir la même signification pour les trois cas qui suivent; et dire que pour l'un d'eux on ne peut l'interpréter dans le sens que l'indignité et l'exclusion de la succession sont encourues de plein droit, n'est-ce pas décider qu'il doit en être de même pour les deux autres ? D'ailleurs la théorie du Code pour les trois cas d'indignité doit être la même, sans cela les rédacteurs ne les auraient pas réunis dans un même article, et tout au moins s'ils avaient entendu que l'un d'eux fût l'objet d'une exception, ils s'en seraient expliqué formellement.

§ II. — *Par qui la déclaration d'indignité peut-être provoquée.*

Il faut pour savoir par qui la déclaration d'indignité peut être provoquée, formuler une règle générale, et faire ensuite l'énumération des personnes auxquelles cette règle peut s'appliquer.

L'action en indignité, comme toute action en général, ne peut être mise en mouvement que par ceux qui y ont intérêt. Donc pourront demander l'exclusion de l'indigne, ceux auxquels cette exclusion assurera des biens qui sans elle passeraient à l'héritier coupable. Voilà la règle.

Nous l'appliquerons tout d'abord aux personnes qui ont sur la succession du *de cujus* des droits héréditaires qui sont immédiatement primés par ceux de l'indigne, ou à celles qui se trouvant en concours avec lui, voient leur part diminuée par sa présence au nombre des ayants-droit. Il n'y aura pas, du reste, de distinction à faire entre les héritiers légitimes et les successeurs irréguliers. L'État lui-même pourra provoquer une demande en déclaration d'indignité.

Les légataires et donataires peuvent aussi provoquer la déclaration d'indignité, quand ils se trouvent en présence d'un héritier réservataire indigne qui demande la réduction de leurs dons ou legs, ou qui étant plus proche parent du défunt que ceux dont son exclusion ouvrirait les droits, peut la demander plus forte.

L'action en déclaration d'indignité est-elle transmissible activement? Le Code est muet sur la solution de cette question. Il a cependant donné un décision dans un cas semblable, à propos de l'action en révocation de donation pour cause d'ingratitude. Je pense qu'on peut l'étendre au cas qui nous occupe, et décider par analogie de l'art. 957, 2e alinéa, que l'action en déclaration d'indignité est transmissible aux héritiers ou successeurs universels de ceux auxquels elle appartenait, lorsque ceux-ci sont décédés étant encore dans le délai utile pour l'exercer.

C'est une question controversée que de savoir si les créanciers d'une personne qui avait le droit de faire déclarer l'indignité, peuvent à son défaut exercer cette action. Toute la question revient évidemment à celle-ci : L'action en indignité doit-elle être considérée comme attachée à la personne du débiteur ? En effet, suivant que l'on adoptera l'affirmative ou la négative, il y aura lieu d'appliquer ou de ne pas appliquer l'art. 1166. Pour moi, je pense que c'est une action attachée à la personne, et par conséquent je décide que les créanciers ne peuvent y avoir aucun droit. Quel est en effet son but ? c'est de faire prononcer une peine contre l'héritier coupable. De là dans les familles des discussions, des désordres graves. L'héritier dépouillé ne verra pas sans le plus grand mécontentement son parent s'enrichir à ses dépens. Et puis, en pareille matière, quel peut être le meilleur juge de l'opportunité de l'exercice d'une semblable action ? Ici comme dans tous les cas où le législateur a écarté les créanciers, on aurait à craindre que leur intérêt ne leur fît oublier les ménagements qu'un parent mettra dans la poursuite.

On a mis en avant les mots d'ordre et de morale publique ! Cette action, a-t-on dit, n'a pas été instituée dans un intérêt particulier. La société est intéressée à ce qu'elle soit exercée. Cela est vrai, mais le législateur en prenant soin qu'elle ne puisse jamais l'être que dans un intérêt individuel, n'a-t-il pas bien montré quelle était son intention ? n'a-t-il pas voulu subordonner l'exercice de l'action à la volonté de celui à qui elle doit profiter? Je le pense, lui seul sera maître de faire déclarer l'indignité de son parent, et si par convenance, par respect pour le lien d'affection qui l'unit à l'héritier coupable, il a décidé qu'il ne profiterait pas du moyen que la loi mettait à sa disposition pour succéder au défunt, les créanciers ne pourront pas intervenir et exercer au nom de leur débiteur l'action en indignité. Mais, dit-on, personne ne conteste que les donataires et légataires ne puissent faire déclarer l'indignité de l'héritier réservataire qui demande la réduction de leurs dons ou legs, et cependant ils pourront ne pas être des parents. Cela est vrai, mais on en donne facilement l'explication, ils ont un droit purement pécuniaire, mais ils le tiennent de la volonté du défunt, et il serait injuste que l'héritier coupable pût par l'exercice de son action en réduction mettre un empêchement à l'exécution des volontés du *de cujus*. Ils sont à cet égard dans une position très-favorable qu'on ne saurait assimiler à celle des créanciers d'un cohéritier ou d'un héritier d'un degré subséquent.

Ici se présente une question très-délicate, et sur laquelle le Code est muet. Peut-on renoncer à l'action en indignité? En d'autres termes, peut-on par une renonciation à l'action en indignité empêcher les héritiers du degré subséquent de l'exercer pour leur compte? — Empêcher ses créanciers de l'exercer?

1° Relativement aux héritiers d'un degré subséquent,

nous commencerons par éliminer les hypothèses qui ne peuvent pas faire doute. Par exemple, l'héritier qui a l'exercice de l'action en indignité redoutant l'issue d'un procès incertain transige avec l'héritier accusé d'indignité. — C'est comme si l'action en indignité avait été exercée. Elle ne pourra donc plus être mise en mouvement une seconde fois.

Autre hypothèse. L'action a été intentée, mais en première instance la demande a été déclarée non recevable ; les délais d'appel sont passés. On ne pourra plus remettre de nouveau en question l'indignité de l'héritier. (Cass. 14 déc. 1813, V. Freissinhes).

Mais voici où la question devient plus grave : L'héritier auquel l'action en indignité appartient néglige de l'exercer. Pourra-t-il par son abstention empêcher les héritiers du degré subséquent d'exercer cette action ?

M. Demolombe pense que non. D'abord, dit·il, on ne peut déroger par des conventions particulières, aux lois qui intéressent les bonnes mœurs et l'ordre public (art. 6) ; or tel est certainement le caractère de la loi qui déclare certaines causes d'indignité de succéder. Donc, aucune volonté privée ne doit pouvoir s'élever au-dessus de cette loi, ni en paralyser la puissance. Il ajoute que par son silence celui qui aurait pu exercer l'action en indignité pourra au bout d'un certain temps la rendre inutile, en laissant écouler le délai au bout duquel il y a prescription. Il pense que ce résultat est contraire à l'autorité de la loi. Mais, dit-il, ce qui nous parait difficile à admettre, c'est qu'il puisse rendre absolument vaine la puissance de la loi, et qu'il arrive à ce résultat que l'action en indignité, que la loi déclare ouverte, demeure intacte et entière, et pourtant stérile et paralysée, sans être exercée par lui et sans pouvoir être exercée néanmoins par un autre !

Voici la conclusion de ce système. Le parent d'un degré subséquent ne pourra pas directement exercer l'action en indignité. Mais celui qui pourrait le faire restant inactif, il pourra lui faire faire sommation d'avoir à prendre un parti.

Ce système me paraît avoir un grand défaut, c'est qu'il crée tout un système de dévolution que l'on ne trouve nulle part écrit dans la loi. Si l'héritier qui a l'exercice de l'action n'en profite pas, de quel droit l'héritier d'un ordre subséquent pourrait-il demander la déclaration d'indignité de l'héritier coupable? Est-ce que la loi lui accorde ce droit? Quel délai devrait-il attendre pour sommer l'héritier qui le précède de prendre un parti? Et puis, si nous supposons trois degrés d'héritiers, et que ceux des deux premiers degrés restent inactifs, celui du troisième devra-t-il d'abord faire sommation à l'héritier du premier degré et ensuite à celui du second degré? Quels délais devront séparer ces sommations?

D'ailleurs une sommation ne saurait enlever à l'héritier inactif le droit qu'il a de succéder au *de cujus*, dans le cas où il ne serait pas primé par un indigne;

mais alors l'héritier subséquent n'a plus d'intérêt pour exercer l'action en indignité, car quand même il triompherait, il ne recueillerait pas les fruits de sa victoire.

Certes le système qu'a adopté le législateur est beaucoup plus simple et beaucoup plus rationnel. La dévolution de l'action en déclaration d'indignité est la même que la dévolution des droits héréditaires. Que celui qui peut l'exercer reste inactif ou non, les héritiers d'un degré subséquent y demeurent complétement étrangers.

Voilà pour la renonciation tacite. Pour la renonciation expresse, nous donnerons la même solution. L'héritier qui a en mains l'action en déclaration d'indignité, pourra promettre qu'il ne l'exercera pas, sans pour cela ouvrir le droit de l'héritier de l'ordre subséquent. Il y a du reste dans ce cas une très grande analogie avec celui où il y a transaction, et nous avons décidé que dans cette dernière hypothèse le droit de faire déclarer l'indignité était éteint pour tout le monde.

2° Relativement aux créanciers, nous dirons qu'ils ne peuvent pas attaquer la renonciation que l'héritier a faite à l'action en déclaration d'indignité ; car s'ils l'attaquent, c'est pour pouvoir exercer l'action. Or nous avons admis qu'elle était l'une de celles qui sont attachées à la personne et ne peuvent être exercées par les créanciers.

Il reste maintenant à examiner la nature de l'action

en déclaration d'indignité. Est-elle divisible ou indivisible ? jusqu'à présent nous avons supposé l'inaction ou la renonciation de l'héritier qui pouvait l'exercer, et nous en avons étudié les résultats relativement à l'héritier du degré subséquent. Voyons quels ils seront à l'égard des cohéritiers.

Il est certain que l'indignité en elle-même est une chose essentiellement indivisible. Si dans une succession l'indigne a plusieurs cohéritiers, il ne saurait être indigne à l'égard des uns, sans l'être à l'égard des autres. C'est un vice de la personne qui l'affecte tout entière. Mais ce n'est pas à ce point de vue que nous devons l'examiner, nous ne devons qu'en considérer les effets. Alors notre décision devient toute différente, car ces effets se produisent à l'égard d'une succession, chose très-susceptible de division. C'est d'ailleurs la doctrine de la cour de Cassation exposée dans un arrêt du 14 décembre 1813 qui contient ce qu suit : « Attendu qu'en effet si l'indignité en elle-« même est une chose indivisible, elle ne peut l'être « dans ses effets, lorsqu'elle a pour objet le partage « d'une succession évidemment divisible de sa na-« ture. » Chacune des personnes auxquelles la loi attribue l'action en déclaration d'indignité peut donc l'exercer séparément, et si le demandeur n'a conclu qu'à la restitution de la part qui lui est afférente, cette part lui sera adjugée et l'indigne restera en possession du reste jusqu'à ce qu'un autre cohéritier vienne aussi demander ce qui lui revient.

En restreignant à sa part le montant de sa demande, le cohéritier a rendu tout-à-l'heure notre décision facile. Mais quel parti faudrait-il prendre s'il demandait la restitution de la succession entière? Il peut se présenter trois hypothèses : 1° Les cohéritiers renoncent à l'action en déclaration d'indignité qui leur compète, et préfèrent laisser à l'indigne les biens qu'ils pourraient lui enlever. Cette renonciation, nous l'avons décidé, est permise, et n'ouvre pas les droits des héritiers du degré subséquent. Un raisonnement semblable à celui que nous avons déjà fait nous conduirait à dire qu'elle n'ouvre pas non plus les droits des cohéritiers. Les parts de ceux qui ont renoncé resteront donc à l'indigne, et l'héritier demandeur n'y pourra prétendre aucun droit.

2° Les cohéritiers renoncent à la succession qu'ils considèrent ouverte à leur projet par l'indignité des héritiers qui les précèdent. Dans ce cas, il y a ici une espèce d'accroissement au profit de l'héritier demandeur. Il pourra valablement conclure à ce que la succession entière lui soit déférée. Marcadé qui donne cette décision ne répond pas à l'objection qu'on pourrait cependant lui faire : On ne peut pas renoncer à un droit qui n'existe pas. Or, comme nous avons admis que l'indignité n'était pas encourue de plein droit, l'indigne reste héritier tant que le jugement n'est pas intervenu sur la demande du cohéritier. Jusque-là donc les héritiers du degré subséquent ont un droit, celui de faire prononcer l'indignité, ils peuvent y renoncer ; mais ils n'ont encore aucun droit sur la succession, puisqu'ils sont précédés par l'indigne, et ils ne peuvent pas renoncer à ce qu'ils n'ont pas. Et d'ailleurs quelles seraient les règles qui attribueraient au cohéritier demandeur les parts de ses cohéritiers renonçant. La loi détermine de quelle manière doit avoir lieu l'accroissement entre cohéritiers; mais la vocation au tout qu'elle accorde à l'héritier qui ne renonce pas ferait complétement défaut à la personne qui ne renoncerait pas à un droit que d'autres personnes pourront avoir comme elle, mais qui pour le moment n'existe pas encore. Cette objection me paraît assez forte pour empêcher qu'on accepte la décision de Marcadé. Disons donc encore dans ce cas que l'héritier ne pourra demander sa part.

3° Les cohéritiers ne prennent aucun parti. Faudra-t-il dans ce cas considérer leur silence comme une renonciation en faveur de l'indigne; ou comme une autorisation tacite donnée au cohéritier demandeur de conclure à toute la succession? Il faut, je pense, décider que c'est une renonciation en faveur de l'indigne. C'est l'explication la plus naturelle de l'inaction des cohéritiers. Ils n'agissent pas en même temps que leurs cohéritiers, mais ne pourront-ils pas agir plus tard, tant que l'action en déclaration d'indignité ne sera pas prescrite. Notre décision est cependant contraire à l'arrêt de la cour de Cassation du 14 décembre 1813, qui contient ce qui suit: « Attendu qu'à la vérité, un « seul des cohéritiers peut former l'action en indi- « gnité, et que seul il doit profiter de toute la succes-

« sion, si les autres cohéritiers refusent de se joindre
« à lui pour l'exercice de cette action. »

§ 3. *Contre qui peut être intentée l'action en déclaration
d'indignité.*

Nous avons déjà dit que cette action pouvait être
intentée contre l'héritier coupable postérieurement à
l'ouverture de la succession. Que décider si cet héritier est mort ! pourra-t-on agir contre ses héritiers ?

Voici l'espèce : l'héritier coupable est mort après
l'ouverture de la succession, mais avant le jugement
qui doit intervenir sur la demande en déclaration d'indignité ; pourra-t-on former cette demande contre ses
héritiers si elle ne l'a pas encore été ? pourra-t-on continuer l'instance si elle a été commencée ? C'est une
question très vivement controversée.

Dans un premier système on admet que l'action en
déclaration d'indignité peut être formée, et même
continuée contre les héritiers de l'héritier coupable,
1° On s'appuie sur la tradition romaine, et sur deux
textes qui forment la L. 22 au Digeste, *de Senatus consulto Silaniano,* où Paul s'exprime ainsi : « Quæro an
« morte Titiæ extinctum sit crimen ? Paulus respondit
« causam, de qua agitur, cum sit pecuniaria, morte in-
« gratæ hæredis extinctam non videri. » Et la L. 9,
au Digeste, *de jure fisci,* où Modestin écrit ce qui suit :
« Quæro an putes, extincta rea, cognitionem appella-
« tionis inducendam, propter hæreditatem quæsitam?

« Modestinus respondit, morte reæ crimine extincto,
« persecutionem eorum quæ scelere adquisita probari
« possunt, fisco competere posse. »

Ces deux textes prouvent en effet qu'en droit Romain il ne fallait pas considérer l'action en déclaration d'indignité comme une action pénale, mais seulement comme une action pécuniaire.

L'ancien droit donnait une décision semblable.

2° La règle générale c'est que les héritiers succèdent à toutes les obligations de leur auteur, et que les mêmes actions qui pouvaient être formées contre lui, peuvent être après sa mort, être formées contre eux ; cette règle doit être maintenue, à moins d'une dérogation exceptionnelle qui ne peut résulter que d'un texte de loi ou des principes essentiels de quelque matière spéciale (Demolombe, n° 279.)

3° Le système contraire conduirait aux conséquences les plus choquantes et les plus injustes ; ainsi, alors qu'aucune prescription exceptionnelle n'est établie contre les héritiers pour se prévaloir du droit que leur donne l'article 727 contre leur cohéritier indigne et incapable de succéder, il arriverait que dans le cas de non pourvoi de la part du condamné à une peine afflictive et infamante emportant mort civile ou naturelle, le délai pour l'exercice de leur droit n'aurait que le court espace de temps qui s'écoule entre le jugement de condamnation et son exécution; il arriverait encore que des successibles absents ou ayant un domicile éloigné, se trouveraient privés, sans nul motif raisonnable, du bénéfice de la loi. Si au contraire, le meurtrier, traité avec plus d'indulgence, n'avait été condamné qu'à une peine temporaire, n'entraînannt pas la mort, l'exercice de l'action durerait trente ans ; de telle sorte que plus le châtiment serait rigoureux, moins la déclaration d'indignité aurait d'énergie.(Cour de Bordeaux, 1er décembre 1853).

4° La vue de l'intérêt de ses enfants suffira peut-être pour exciter le père à commettre le crime. Enfin, « l'union naturelle qu'il y a entre le père et fils, di-« sait Lebrun, est telle qu'il est impossible de s'ima-« giner que le crime du père lui soit infructueux « quand il profite actuellement à ses enfants. » (Succes. liv. III, chap. ix, n° 10.)

Tels sont les principaux arguments présentés dans le premier système. Beaucoup d'auteurs l'adoptent et l'arrêt de la Cour de Bordeaux du 1er décembre 1853 est venu lui apporter l'appui de la jurisprudence. Malgré cela, je pense que le système contraire est préférable. Voici en effet les arguments qu'on peut faire valoir pour le soutenir.

1° Commençons par établir que nous ne devons pas nous aider dans cette discussion des lumières que peuvent nous apporter le droit romain et l'ancien droit. Il ne peut en effet y avoir entre eux, et la législation moderne aucune ressemblance sur le point qui nous occupe. A Rome, on voit l'intérêt du fisc dominer toute la matière de l'indignité. C'est à son avantage qu'on multiplie les cas dans lesquels l'indignité est encourue, c'est encore à son avantage que faisant fléchir les principes rigoureux du droit, les jurisconsultes décidèrent que l'action en déclaration d'indignité était non pas pénale, mais pécuniaire. C'est qu'en effet alors cette déchéance avait été instituée, bien moins pour punir un coupable que pour enrichir le fisc et que naturellement il fallait empêcher que la mort du coupable ne vint enlever au fisc une proie sur laquelle il avait compté.

Il faut à un autre titre récuser également l'autorité de l'ancien droit. Il était en effet logique en admettant qu'on pouvait diriger l'action contre les héritiers du coupable, car il n'admettait pas la personalité des peines. Il allait même jusqu'à exclure de la succession du *de cujus* les enfants de l'indigne, venant de leur chef. Notre droit moderne a adopté des principes différents. Rien d'étonnant donc à ce que nous donnions des décisions différentes.

2° Il faut maintenant exposer quel est le fondement de notre système. Qu'est-ce que l'indignité d'après le Code Napoléon ? C'est une déchéance qui frappe l'héritier coupable dans trois cas prévus par l'article 727· Nous pouvons dire que l'action en déclaration d'indignité est une action pénale, car elle en présente tous les caractères. Elle a pour but d'infliger un châtiment que la loi prononce pour punir l'héritier à raison de certains faits prévus par elle. Si c'est une action pénale, elle ne peut être intentée contre les héritiers du coupable. « Oh ! sans doute, dit M. Demolombe, la

« loi qui déclare l'indigne exclu de la succession, se
« propose sous certain point de vue, de le punir par
« cette déchéance ; mais après tout, cette exclusion
« ne constitue qu'une déchéance de droits hérédi-
« taires, prononcée par la loi civile. La vérité est
« qu'elle n'est pas une *peine*, dans le sens technique
« de ce mot. » Qu'est-ce donc qu'une *peine*? Faudrait-il seulement comprendre sous cette dénomination les dispostions afflictives contenues dans le Code
pénal? Tel est, je crois, le sens qu'on voudrait donner
à ce mot dans le système contraire. Mais ce n'est
pas l'explication que nous en donnons, car par *peine*
il faut évidemment entendre toute disposition afflictive, prononcée par la loi, sans distinguer si cette
loi est le Code Napoléon ou le Code pénal.

Mais, dit-on, vous ne pouvez invoquer l'article 2
du Code d'instruction criminelle, qui porte que « *l'action publique pour l'application de la peine s'éteint
par la mort du prévenu,* » puisqu'il n'y a pas d'action
publique ouverte par l'indignité, puisqu'il s'agit d'une
peine civile. Cela est vrai, dans notre système on n'invoque pas l'article du Code d'instruction criminelle,
on invoque un principe dont cet article n'est qu'une
application, ce principe que le châtiment ne doit
frapper que le coupable, et que l'on nomme le principe de la personalité des peines. C'est lui qui nous
enseigne qu'on ne peut pas punir les héritiers de l'indigne d'une faute qu'ils n'ont pas commise, et que
l'action en déclaration d'indignité qui pouvait être

formée contre lui ne peut plus être formée contre eux après sa mort.

3° Le législateur a lui même dans une matière qui a avec celle que nous traitons une connexité très étroite, fait l'application du principe que nous venons de poser ; c'est à propos de la révocation des donations entre vifs pour cause d'ingratitude ; l'art. 957, C. N., s'exprime ainsi : « *Cette révocation ne pourra être demandée par le donateur contre les héritiers du donataire.* » Comme la matière de l'indignité, la matière de la révocation des donations est *civile*. Cependant le législateur a décidé qu'il y avait là une peine, et que l'action qui tendait à l'exécution de cette peine ne pourrait pas être intentée contre les héritiers du coupable.

On essaie de réfuter cet argument, en tirant de l'article 957, C. N., un argument *a contrario* « Qui dicit de uno negat de altero, » dit-on. Donc le législateur en décidant à propos de la révocation des donations que l'action ne passerait pas contre les héritiers de l'ingrat, et en gardant le silence à propos de l'indignité, a montré que son intention était qu'on n'appliquât pas la même règle aux deux cas. Je pense que l'argument *a pari* est préférable. D'abord il faut en principe souvent se défier des arguments *a contrario*, ensuite comme nous avons ici entre les deux cas une parfaite similitude, et que les raisons de décider sont identiques dans une espèce comme dans l'autre, il faut appliquer le principe de la personalité des peines quand il s'agit d'indignité, comme quand il est question de révocation des donations pour cause d'ingratitude.

4° L'arrêt de la cour de Bordeaux du 1er décembre 1853 oppose à notre système une fin de non recevoir motivée sur ce que plus notre châtiment serait rigoureux contre le meurtrier du défunt, moins la déclaration d'indignité aurait d'énergie. En effet, si l'héritier coupable a été condamné à mort, comme la sentence d'ordinaire reçoit son exécution dans un délai assez bref, les cohéritiers ou les héritiers du degré subséquent auront très-peu de temps pour former leur demande à fin de déclaration d'indignité. Que si au contraire il n'a été condamné qu'aux travaux forcés, les cohéritiers et héritiers du degré subséquent auront trente ans pour le faire déclarer indigne. Ce qui revient à dire que plus l'héritier est coupable, moins on a de temps pour prononcer son indignité. Ce résultat n'a rien que de très-rationnel. Si le coupable est condamné aux travaux forcés, il vit et pourra jouir du bénéfice de son crime, il faut donc dans ce cas que les autres aient le temps de le faire déclarer indigne. Est-il au contraire condamné à mort ? Qu'est-ce que la peine de l'indignité en présence d'un pareil châtiment ? D'ailleurs, il n'aura pas le temps de jouir du bénéfice de son crime. Enfin on objecte que des successibles absents ou éloignés perdront par là le bénéfice que eur eût procuré l'indignité, si elle eût été prononcée.

Mais cette considération ne peut avoir qu'une importance très-médiocre, si on songe que ce n'est pas en
faveur des successibles que l'indignité a été établie.
Ce que le législateur a voulu, c'est que le meurtrier
ne profitât pas de son crime, c'est précisément ce
qui arrivera quand il sera condamné à mort.

5° Enfin, on prétend que notre doctrine est dangereuse, qu'elle peut enhardir et provoquer les plus
criminels desseins, et que l'intérêt de ses enfants suffira peut-être pour exciter le père à commettre ce
crime. Je crois cet argument peut sérieux. Comment,
en effet, supposer que l'amour paternel puisse pousser
un père à enrichir ses enfants au prix d'un meurtre?
D'ailleurs, il ne ferait qu'avancer le moment où ils
recueilleront les biens provenant de la succession du
de cujus, et un pareil avantage ne serait certainement
pas suffisant pour le déterminer à s'exposer à une condamnation à mort.

§ IV. — *Devant quel tribunal doit être portée l'action en déclaration d'indignité*

L'action en déclaration d'indignité est une action
purement civile, car elle n'a rapport qu'aux biens,
et même si on la considère au point de vue de la déchéance qu'elle entraine, elle est fondée sur une
disposition de la loi civile. Elle devra être portée
devant les tribunaux civils. Le tribunal compétent
pour en connaître sera celui du domicile de l'héritier,

parce que c'est une action personnelle dont le fondement est un fait personnel, et qu'en matière personnelle, l'action doit régulièrement être portée au tribunal du défendeur (art. 59, Cod. de Procéd.). Cependant
si la question d'indignité s'élevait incidemment sur
une demande en partage de la succession, ou sur une
action en pétition d'hérédité, elle devrait être jugée
par le tribunal saisi de la demande principale, c'est-à-
dire par celui du domicile du défunt, et c'est ce qui
aura lieu le plus souvent (Duranton VI, n° 116).

Suivant Demante, la règle est que l'action en déclaration d'indignité pourra être portée soit devant
les tribunaux civils soit devant les tribunaux criminels.
« Ainsi lorsque, dit-il, l'indignité devra se baser sur
« une condamnation, et que la succession sera déjà ou-
« verte au moment de l'exercice de l'action publique
« tendant à cette condamnation, je crois que l'action
« en exclusion pourra, comme l'action pour la répara-
« tion du dommage, être poursuivie en même temps,
« et devant les mêmes juges que l'action publique. »
Ce sera en effet porter le dernier coup à cet argument
que nous avons combattu plus haut, et suivant lequel
en cas de condamnation à mort, on n'aurait pas le
temps de faire déclarer l'indignité de l'héritier coupable. Cette déclaration pouvant se faire dans le même
temps où est prononcée la condamnation à mort, les
héritiers qui y auront intérêt n'auront qu'à introduire
en temps utile leur demande à fin de déclaration d'indignité.

§ V. — *Époque à laquelle l'indignité peut être demandée.*

Il faut pour poser et pour résoudre cette question, admettre, comme nous l'avons fait d'ailleurs, que l'indignité n'est pas encourue de plein droit par le fait même de la condamnation prononcée contre le meurtrier ou contre le calomniateur.

Si donc l'indignité doit être prononcée en justice, à quelle époque peut-elle être demandée? Après l'ouverture de la succession, et cela pour deux motifs. Il faut d'abord pour pouvoir intenter une action y avoir intérêt, et avant que la succession ne soit ouverte, ni les cohéritiers, ni les héritiers du degré subséquent n'y ont intérêt, car celui qui plus tard pourra être déclaré indigne ne prétend aucun droit sur les biens du *de cujus*. De plus, la demande en déclaration d'indignité a pour but l'exclusion de la succession, or il n'y a pas encore de succession, et on ne pourrait pas demander de faire exclure quelqu'un d'une chose qui n'existe pas.

Les auteurs ne sont pas d'accord sur la décision à donner, dans le système de ceux qui admettent que l'indignité est encourue de plein droit. Les uns veulent qu'on considère l'indignité comme existant, comme encourue du moment où la condamnation est prononcée; les autres du moment seulement où la succession est ouverte. Cette question présente un grand intérêt, et nous aurons bientôt occasion d'en montrer l'importance.

MM. Dalloz dans les observations dont ils accompagnent l'arrêt de la Cour de Bordeaux du 13 Décembre 1853, s'expriment ainsi : « Si l'indignité « existe dès l'époque de la condamnation, il n'est « pas besoin de se préoccuper du point de savoir si « l'indigne est mort avant ou après l'ouverture de la « succession ; dans l'une comme dans l'autre hypo- « thèse, aucun droit de succession ne saurait être « exercé de son chef : Dans la première, parce qu'il « n'est pas permis de représenter un indigne, dans « la seconde, parce que l'indigne, privé de tous droits « héréditaires, n'a rien transmis à sa succession. » Demante admet la première opinion, et considère l'indignité comme encourue dès le moment même de la condamnation (T. iii, n° 34, *bis*).

M. Demolombe admet que l'indignité n'est encourue que du jour de l'ouverture de la succession. Je partage cette opinion, car comment admettre que le condamné devienne indigne d'une chose qui n'existe pas. L'indignité produit l'exclusion, or comment exclure l'indigne d'une succession qui n'est pas ouverte, et qui pourra ne jamais s'ouvrir à son profit.

§ VI. — *Durée de l'action en déclaration d'indignité.*

L'art. 2262. C. N. porte que toutes les actions tant réelles que personnelles durent trente ans, à moins qu'un texte spécial n'en ait disposé autrement. L'action en déclaration d'indignité devra donc durer trente ans. (Duranton. T. VI, n° 117)

On aurait pu trouver une raison de douter, dans cette considération qu'au bout d'un temps aussi long il sera quelquefois bien difficile de faire une juste appréciation des circonstances et des faits qui motivent la demande en déclaration d'indignité. Le législateur prévoyant ces difficultés en cas de conventions a décidé (art. 1304) que les actions en nullité et en rescision des conventions dureraient dix ans. L'analogie des situations aurait pu conduire à limiter à un temps moindre la durée de l'action en indignité. Mais en l'absence d'un texte formel nous devons appliquer l'art. 2262 C. N., et décider qu'elle peut être exercée pendant trente ans.

CHAPITRE III

CONSÉQUENCES DE LA DÉCLARATION D'INDIGNITÉ.

§ 1 — *Droits auxquels s'applique l'indignité.*

I. Les effets de l'indignité s'arrêtent à la personne même de l'indigne, et aux seuls droits qu'il pouvait avoir sur la succession. Ses enfants ne ressentiront pas le contre coup de la déchéance dont leur auteur est frappé, les droits qu'ils ont sur la succession du *de cujus* restent entiers. Tel est le sens que nous donnerons à l'art. 730.

Déjà nous avons examiné la question qui consiste à savoir si l'on peut intenter l'action en déclaration d'indignité contre les enfants de l'héritier coupable, mort après l'ouverture de la succession, mais avant que l'indignité n'ait été prononcée contre lui. Appliquant le principe de la personnalité des peines, nous avons adopté la négative.

Il nous reste à appliquer le principe que nous avons posé en tête de ce paragraphe aux deux hypothèses suivantes.

L'indigne survit au *de cujus*, l'indignité est prononcée, mais ses enfants ont une vocation propre et personnelle à la succession du défunt :

L'indigne est mort avant le *de cujus*, ses enfants peuvent-ils venir à la succession par représentation ? 1° Voici l'espèce : Primus est tué par Secundus son frère. Il laisse pour héritiers Secundus et Tertius. Secundus déclaré indigne est écarté de la succession, et Tertius renonce. Si Secundus a des enfants, ils ont une vocation propre et personnelle à la succession de Primus, et si nous leur appliquons le principe que nous avons posé en tête de ce paragraphe, nous devons dire que rien ne les empêchera de recueillir cette succession « Les enfants de l'indigne, venant à la suc- « cession de leur chef, et sans le secours de la repré- « sentation, ne sont pas exclus pour la faute de leur « père. » (art. 730). Si donc Tertius n'a pas d'enfants, ceux de Secundus prendront la succession entière, s'il en a, ceux de Secundus partageront avec eux. Enfin, si Tertius accepte, il prendra la succession entière ; car alors les enfants de Secundus n'ont plus de droits sur la succession : ils ne peuvent représenter leur père qui est encore vivant, et on ne représente pas les personnes vivantes (art. 744). D'ailleurs, ils ne peuvent venir de leur chef puisqu'ils sont primés par Tertius.

2° Le second cas que nous allons examiner présente une question très-vivement débattue entre les auteurs. Primus meurt laissant pour héritiers Tertius son frère, et les enfants de Secundus, qui a été condamné pour avoir tenté de lui donner la mort. Si les enfants de Secundus doivent venir au partage de la succession de Primus, ce ne sera qu'avec le secours de la représentation. Mais peut-on représenter un indigne, ou du moins une personne qui, si elle eût survécu au *de cujus*, aurait été déclarée indigne ?

Non, dit-on dans un premier système. 1° Le texte de l'art. 730 s'y oppose formellement : « *Les enfants de l'indigne venant à la succession de leur chef et sans le secours de la représentation, ne sont pas exclus pour la faute de leur père.* » Donc ils sont exclus s'ils ont besoin du secours de la représentation. C'est un argument *a contrario*. Le cas qui nous occupe est d'ailleurs bien celui que la loi a eu en vue ; car il est le seul dans lequel il y ait lieu à représentation de l'indigne. En effet, s'il avait survécu au *de cujus*, on ne pouvait pas le représenter : d'après l'art. 744, on ne représente pas une personne vivante. L'art. 730

eût été inutile, s'il avait voulu prévoir le cas où l'indigne a survécu, et on ne doit pas présumer qu'une disposition de la la loi est inutile.

2° Qu'est-ce que la représentation ? C'est une disposition de la loi en vertu de laquelle le représentant entre dans la place, dans le degré et dans les droits du représenté. Mais les droits qu'aurait eus le représenté sur la succession sont nuls, puisque le représenté, c'est celui qui eût été déclaré indigne, s'il eût survécu au *de cujus*. Donc, le représentant ne doit pas venir à la succession (Delvincourt, t. II, p. 25, note 13. Merlin, Rep. Représentation, sect. IX, § 3. Zachariæ, Aubry et Rau, t. IV, p. 176 et 184).

Ce système est contraire aux principes qui dominent notre matière, et surtout celle de la représentation. Nous ne pouvons donc pas l'admettre. Voici d'ailleurs quels sont nos arguments :

1° Quand il s'agit des enfants de l'indigne, l'esprit des dispositions de la loi sur la matière qui nous occupe est qu'ils ne doivent pas souffrir de la faute de leur tuteur. Nous avons déjà appliqué à leur sujet le principe de la personnalité des peines, c'est encore lui qui a dicté l'art. 130.

2° L'art. 730, s'occupant des enfants de l'indigne, si l'on adopte le système contraire, on arrivera à une impossibilité. En effet, cet article prévoit, dit-on, uniquement le cas où l'héritier coupable est mort avant le *de cujus*, et il ne peut s'appliquer qu'à ce cas. Or, l'héritier coupable décédé avant le *de cujus* peut-il être un indigne? Non, car, nous l'avons vu, l'indignité ne peut être déclarée qu'après l'ouverture de la succession. Donc, l'application de notre article serait impossible, puisqu'il s'occupe du cas où les enfants *de l'indigne* viendraient à la succession. Il faut donc dire qu'il prévoit une autre hypothèse.

3° Il faut remarquer que bien que les représentants n'aient que les mêmes droits que les représentés auraient eus, cela ne les empêche pas d'avoir à la succession une vocation propre et personnelle. Ils entrent dans la place, dans le degré et dans les droits du représenté, cela veut dire que le *quantum* de leur part sera égal au *quantum* de la part que le représenté aurait prise. C'est pour cela que la loi les oblige à rapporter les dons qui auraient été faits par le *de cujus* au représenté (art. 848). Mais, comme le fait remarquer M. Demolombe (292), autre chose est le *quantum* des biens que le représenté obtient, en vertu de la représentation, autre chose la vocation héréditaire en vertu de laquelle il les obtient; car s'il n'obtient que les droits que le représenté aurait eus, il les obtient en vertu d'une vocation héréditaire qui lui est exclusivement propre et personnelle, et dont le résultat, sous ce rapport, est uniquement de déroger en sa faveur, à la règle de la proximité des degrés.

Aussi ce n'est pas dans la personne du représenté que nous devrons chercher les qualités requises pour succéder, car il ne succède pas, mais dans la personne du représentant qui succède, et n'emprunte pas au représenté la vocation qu'il aurait eue à la succession.

4° Dans notre système, l'art. 730 a voulu prévoir le cas où l'indigne est encore vivant, et le législateur fait une application du principe qu'il posera plus loin (744) en vertu duquel on ne représente pas une personne vivante. On est conduit à cette opinion par cette considération que puisqu'on ne saurait admettre que l'héritier coupable est mort avant l'ouverture de la succession, il faut raisonner dans cette hypothèse qu'il est vivant. L'art. 730 ne devient plus alors qu'une application de l'art. 744.

D'ailleurs la fin de l'article 730 montre que c'est là la véritable interprétation ; elle refuse à l'indigne le droit de réclamer sur les biens de la succession, l'usufruit que la loi accorde aux pères et mères sur les biens de leurs enfants. C'est donc que l'indigne est vivant.

On objecte que l'article 730 n'étant plus qu'une application de l'art. 744, devient inutile, ce qu'on ne doit pas présumer. On peut répondre que ce n'est pas là le seul cas où la loi aurait fait application de l'art. 744. Ne le fait-elle pas aussi dans l'art. 787, où elle dispose *qu'on ne vient jamais par représentation d'un héritier qui a renoncé ?* Et puis ne vaut-il pas mieux dire que notre article est sans grande utilité, que de reconnaître qu'il est contraire à l'équité et aux principes.

6° Disons enfin que très-probablement les rédacteurs

du Code ont ainsi rédigé l'art. 730, parce qu'ils avaient sous les yeux le passage suivant de Pothier : « C'est « pourquoi on doit décider que les enfants de l'indi- « gne ne peuvent succéder par représentation, lors- « qu'il est vivant, mais qu'ils le peuvent lorsqu'il est « prédécédé. » (Successions, chap. ii, sect. i).

II. Les effets de l'indignité ne s'appliquent qu'aux droits que l'indigne était appelé à recueillir en qualité d'héritier dans la succession du *de cujus*.

De cette formule découlent les conséquences suivantes :

1. L'indigne est privé de tous les droits qu'il aurait eus, *jure heredis*, dans la succession du *de cujus*. Par conséquent il sera privé de sa réserve, car il n'y peut prétendre que *jure heredis*.

2° L'indigne pourra de son chef recueillir toute autre succession. A la différence de l'incapacité, l'indignité ne constitue qu'un vice relatif. L'enfant qui n'est pas conçu ne peut pas succéder à son père, par exemple ; et il ne peut succéder à aucune autre personne, l'indigne, au contraire, qui ne peut succéder à son père auquel il a tenté de donner la mort, peut recueillir la succession d'une autre personne dont il est l'héritier.

L'héritier coupable pourra recueillir une succession par représentation de la personne à l'égard de laquelle il a été déclaré indigne. En effet, le représentant ne fait pas valoir les droits du représenté, car la représentation, comme nous l'avons dit plus haut, a lieu en vertu d'une disposition de la loi. Il suit de là que le représentant tient son droit à la succession, non pas du représenté, mais de la loi. Mais la loi qui explique dans quel cas la représentation doit avoir lieu, ne mentionne nulle part qu'il faudra faire exception pour le cas où le représentant a été déclaré indigne de succéder au représenté ; c'est donc que la représentation a lieu dans ce cas comme dans les autres. D'ailleurs, la loi applique elle-même ce principe que la représentation n'a rien de commun avec les droits héréditaires, c'est à dire qu'on peut très-bien ne pas venir à la succession d'une personne, et cependant la représenter. L'art. 744 C. N. dispose qu'on peut représenter celui à la succession duquel on a renoncé.

Si donc on suppose que Primus a tenté de donner la mort à Secundus, et qu'à raison de ce crime il a été déclaré indigne ; si, postérieurement à l'exclusion qu'il a encourue, Tertius, père de Secundus vient à mourir, il pourra venir à sa succession ; car il représente Secundus.

3° Il pourra même arriver qu'en définitive l'indigne recueille la succession de celui à qui il a donné la mort. Supposons en effet que Secundus meurt assassiné par Primus, laissant pour héritiers Primus et Tertius, ses deux fils. Primus, déclaré indigne, est écarté de la succession, que Tertius recueille toute entière. Puis Tertius vient aussi à mourir, ne laissant pour héritier que son frère Primus. Celui-ci prendra

toute la succession qui se compose des biens recueillis dans celle de Secundus, et des biens que Tertius a
pu acquérir d'une autre manière. Primus aura donc
succédé à Secundus par transmission.

C'était ainsi que les Romains décidaient en cas
semblable ; et la raison qu'ils en donnaient, c'est que
Primus ne succède pas à Secundus, ce qui seulement
lui est interdit, mais à Tertius. « Quia non principaliter in Titii hereditatem succedit. » (L. 7, *de his
quæ ut indignis, D.*). Au contraire, dans notre ancien
droit, on admettait généralement, quant aux immeubles du moins, que l'indigne ne devait ni directement, ni indirectement succéder à sa victime. (Lebrun,
liv. III, chap. IX, n° 7-9 ; Lacombe, indignité, n° 5).

Dans notre droit actuel, suivant l'art. 732, la loi
ne considère ni la nature, ni l'origine des biens pour
en régler la succession. Aussi s'inquiète-t-on peu que
les biens qui composent la succession de Tertius proviennent en grande partie de Secundus. Ces biens,
une fois recueillis par Tertius, ont fait immédiatement
partie de son patrimoine ; et Primus succédera à ce
patrimoine entier : « Hœreditas adita jam non est
hœreditas sed patrimonium hœredis. »

Notons une exception au principe que l'indignité ne
s'applique qu'aux droits que l'indigne était appelé à
recueillir dans la succession du *de cujus*. Cette exception est formulée dans l'art. 730 C. N. *in fine.* « Mais
celui-ci (le père) ne peut en aucun cas réclamer sur
les biens de cette succession, l'usufruit que la loi

accorde aux père et mère sur les biens de leurs enfants. » Ainsi donc voici un droit, l'usufruit légal du père sur les biens de ses enfants, qui se trouve atteint par l'indignité, et qui cependant n'a rien de commun avec les droits *hereditaires*. Cette décision se justifie très-facilement, si l'on considère combien il eut été immoral de voir un père, exclu d'une succession comme indigne, recueillir cependant tout le profit de son crime, au moyen de l'usufruit légal auquel il a droit sur la part recueillie par ses enfants. C'est alors qu'on eût pu craindre que les héritiers ne fontassent même par un crime d'avancer le moment de l'ouverture d'une succession, dans l'intérêt de leurs enfants, quand eux-mêmes auraient profité de cet avantage.

Cependant, dans l'espèce suivante, nous revenons à l'application pure et simple de notre principe : l'indigne avait plusieurs enfants, et ils ont recueilli la succession à sa place. Jusqu'ici nous nous trouvons dans le cas de l'art. 730, *in fine*. Le père n'a pas droit à l'usufruit légal sur les biens qui sont entrés de ce chef dans le patrimoine de ses enfants. Mais que décider, si l'un d'eux vient à mourir? D'abord, comme nous l'avons déjà dit, rien n'empêchera l'indigne de prendre sa part dans la succession de son enfant, part dans laquelle pourront se trouver certains biens provenant de la succession de sa victime. Mais, si ses autres enfants ont moins de dix-huit ans, aura-t-il droit à l'usufruit légal sur les biens que chacun aura recueillis dans la succession de son frère, biens qui pourront provenir de la succession de laquelle l'indigne a été exclu? Il faut dire que oui. Car une fois la succession de l'enfant ouverte, une fois que ses frères se sont portés héritiers, les biens qu'il possédait sont devenus leur propriété, et dès lors il n'y a plus à rechercher leur origine. La portée de l'art. 730 est restreinte au cas où les biens proviennent directement de la succession dont l'indigne a été écarté. Mais si ces biens passent en d'autres mains, ils perdent leur caractère, et rien n'empêche plus l'indigne de faire valoir le droit d'usufruit légal qu'il a sur eux.

Disons encore avec Demante, (t. III, 39 *bis*) que si la loi refuse à l'indigne l'usufruit légal des biens de la succession recueillie à son défaut par ses enfants, il n'en faudrait pas conclure qu'elle lui refuserait également le droit de profiter, à tout autre titre, de la dévolution qui leur est faite. Ainsi l'indignité d'une femme mariée, à l'exclusion de laquelle succéderaient ses enfants mineurs, ne faisant nul obstacle à l'usufruit légal du père de son mari, celle-ci par l'effet de la communauté établie entre eux, pourrait certainement profiter de cet usufruit. Seulement si son mari venait à mourir pendant la minorité des enfants, elle ne pourrait prétendre à l'usufruit comme mère survivante, car là s'appliqueraient les termes de notre article. Elle n'en prendrait pas moins sa part entière dans la communauté enrichie pendant sa durée par l'usufruit dont le mari a eu la jouissance.

Que décidera-t-on à l'égard des donations que le *de cujus* aurait faites entre vifs à l'indigne à titre d'avancement d'hoirie? Ces donations ont un très-grand rapport avec les droits héréditaires, puisque c'est précisément pour que l'indigne fut à l'avance rempli de tout ou de partie de ses droits héréditaires, que le *de cujus* les a faites. On pourrait induire de là que l'indigne, une fois l'indignité prononcée, étant considéré comme n'ayant jamais eu de droits sur la succession, la donation à titre d'avancement d'hoirie manquerait de cause. Elle devrait donc être résolue, et les biens qui en étaient l'objet devraient rentrer à la masse.

On pourrait encore prétendre qu'une semblable donation, en pareil cas, est révocable pour cause d'ingratitude. Cela est vrai. Mais que déciderait-on si elle a été faite en faveur de mariage, qui d'après l'art. 959 C. N., ne sont pas révocables pour cause d'ingratitude. Suivant MM. Devilleneuve et Dalloz, l'indignité de succéder dont un individu a été frappé de son vivant, pour avoir attenté aux jours de son auteur, emporte révocation même des donations faites par contrat de mariage que celui-ci lui avait faites avant le crime, sous condition de retour; et ils citent à leur appui l'arrêt de Bordeaux du 1ᵉʳ décembre 1853. Pour nous, nous ne saurions admettre la révocation de ces donations pour cause d'ingratitude.

Si la donation a été faite en faveur de mariage, pourquoi violerait-on ici les règles ordinaires? l'ingratitude n'est pas une cause de révocation de ces sortes de donations. D'ailleurs, comme le fait observer M. Demolombe, dans l'espèce jugée par l'arrêt de Bordeaux, il est à remarquer que la donation avait été faite par le *de cujus* à l'indigne sous la condition du droit de retour au profit du donateur, pour le cas de prédécès du donataire, et que l'indigne par le crime commis sur la personne de sa mère avait détruit les chances de survie ouvertes en faveur de cette dernière, et rendu impossible l'accomplissement de la condition qui pouvait donner ouverture au droit de retour ; de telle sorte que cette condition devait, aux termes de l'art. 1178, C. N., être considérée comme accomplie. Il ne faut donc pas invoquer dans le système contraire l'arrêt de la cour de Bordeaux.

Les donations qui ne seront pas révocables pour cause d'ingratitude ne seront donc pas révoquées par le fait de la déclaration d'indignité. Et d'ailleurs ce ne serait jamais la déclaration d'indignité seule qui entraînerait la révocation des donations. Ce serait l'objet d'une autre instance dans laquelle il faudrait prouver que l'indigne se trouve dans l'un des cas prévus par l'art. 955. De plus, l'indigne ne serait pas tenu de rapporter la donation qu'il a reçue, car le rapport n'est dû que de cohéritier à cohéritier, et l'indigne est considéré comme n'ayant jamais été héritier.

De même que l'indigne conserve les donations qui lui ont été faites, ou que du moins elles ne sont pas révoquées par la déclaration d'indignité, de même l'indigne conserve les droits qu'il a comme appelé à une substitution permise, dont le *de cujus* était grevé à son profit. Ce n'est pas, on effet, *jure heredis* qu'il prétend recueillir les biens qui font l'objet de cette substitution, c'est à un tout autre titre. Cependant on pourrait prétendre que son droit devient caduc, car par son fait, il a fait perdre aux héritiers du grevé les chances de survie qu'ils pouvaient avoir. En effet, si l'appelé fut mort avant le grevé, la substitution n'eut pas produit son effet, et les biens seraient restés dans les mains du grevé. Les héritiers les auraient ensuite recueillis. Mais l'appelé en donnant la mort au grevé a détruit toutes ces chances, et il serait désormais non recevable à prétendre que la condition de sa propre survie a pu s'accomplir. C'est là d'ailleurs un raisonnement analogue à celui de la Cour de Bordeaux dans l'espèce que nous citons plus haut.

§ 2. *Conséquences de l'indignité déclarée vis-à-vis des héritiers.*

Pour pouvoir énumérer toutes les conséquences de l'indignité déclarée, vis-à-vis des héritiers, il faut d'abord prendre un parti sur la question suivante : Quelle est la position de l'héritier déclaré indigne ? Est-il considéré comme n'ayant jamais été héritier ? Ou bien au contraire faut-il considérer sa déchéance comme datant seulement du jour de la déclaration d'indignité ?

Chez les Romains, comme nous l'avons déjà dit, là qualité d'héritiers était indélébile. L'indignité n'était qu'une peine qui, tout en enlevant à l'héritier tout l'émolument que comportait son titre, no le privait cependant pas de sa qualité d'héritier. C'était contre lui que le fisc agissait pour se faire mettre en possession des biens qui lui étaient dévolus.

Dans notre ancien droit la question était controversée, Ricard admettait l'assimilation des effets de l'indignité à ceux de l'incapacité (Traité des donat. entre-vifs, 3e part, chap. 3, sect. 1 n° 190), De Castellan (liv. 9, chap. 83), et Domat, (des lois civiles, liv. 1, tit. 1, sect 3, § 14,) suivaient cette opinion. Mais Lebrun (successions, liv. 3, chap. 1 n° 9,) était d'avis opposé, ainsi que Furgole (testaments, T. 1, chap. 6, sect, 3, n°° 6 et suiv).

Dans notre droit actuel, et en raisonnant au point de vue seulement des *adversaires* de l'indigne, comme dit M. Ducauroy, (T. III, n° 433), c'est-à-dire de ses cohéritiers, ou des héritiers du degré subséquent ou des légataires et donataires dans certains cas, je pense qu'il faut suivre le système adopté par Ricard, et dire que les effets de l'indignité seront les mêmes que ceux de l'incapacité. La jurisprudence a d'ailleurs toujours été constante dans ce sens. Le premier arrêt qui consacre cette opinion est du 21 prairial an XIII. Voici le point qu'il présentait à juger : Un fils condamné comme parricide laisse sa sœur, comme unique héritière ; celle-ci sera-t-elle tenue de payer les dettes contractées par son frère encore fils de famille ? La cour d'appel de Rouen rendit sur cette espèce l'arrêt dont nous extrayons les dispositions suivantes :

« Considérant que B... était fils de famille et qu'il ne possédait absolument rien ; d'où il suit que, s'il n'a pas succédé à son père, il n'a pas laissé de succession.

« Considérant que B... ayant été condamné comme meurtrier de son père, a été indigne de lui succéder et ne lui a pas succédé.

« Considérant que la loi du 17 Niv. an II, en prescrivant l'égalité entre héritiers, n'a point dérogé aux principes anciens en matière d'indignité, etc. »

Le deuxième arrêt est du 22 juin 1847. Il est remarquable à ce point de vue qu'il nous montre que, suivant la doctrine de la cour de Cassation, le légataire universel où l'héritier déclaré indigne, est réputé n'avoir jamais eu la saisine de la succession, et que par suite, *la déclaration d'indignité de ce légataire donne ouverture à la substitution vulgaire établie pour le cas où l'institution demeurerait sans effet.* Voici la partie de l'arrêt qui a trait à la question que nous étudions : « Attendu que par le jugement du.... B... a été déclarée indigne de conserver le bénéfice du legs fait à son profit, et condamné à restituer tous les fruits par elle perçus ; que l'effet de ce jugement a été de priver B... de la totalité de l'émolument de la succession, *de telle sorte qu'elle n'en a jamais eu la sai-*

sine légale, et qu'elle a fait défaut à l'institution du legs universel fait à son profit ; que s'agissant au procès d'une substitution vulgaire, C.... à défaut de l'institué qui n'avait pu recueillir l'hérédité, a reçu l'universalité des biens directement du défunt, sans que les dits biens aient reposé un moment sur une autre tête que celle de C.... etc...» (Cour de Cassation, 22 juin 1847).

Enfin le troisième arrêt, rendu également par la cour de Cassation, décide que l'orsqu'un legs est fait conjointement à deux personnes, et qu'il est révoqué quant à l'une d'elles pour cause d'indignité, il y a lieu à accroissement au profit de l'autre.

« Attendu... que la déclaration d'indignité, semblable, pour ses effets, à l'incapacité, faisant disparaître complétement la disposition testamentaire, et la rendant caduque, il s'ensuit que le droit d'accroissement s'est ouvert au profit de l'autre colégataire...» (13 novembre 1855).

Nous pouvons donc poser en principe qu'à l'égard des héritiers il y a pleine résolution de la saisine, et que l'indigne doit être considéré comme n'ayant jamais été héritier. De là les conséquences qui vont suivre.

L'indigne doit rendre tout ce qu'il a recueilli dans la succession dont il est maintenant exclu, c'est-à-dire d'abord les biens héréditaires qui lui ont été attribués, et de plus les fruits et intérêts qu'ils ont pu produire. Il est considéré, pendant tout le temps qui s'est écoulé entre l'ouverture de la succession et le jugement qui l'a déclaré indigne comme possesseur de mauvaise foi. L'art. 729 C. N. dit en effet : « L'héritier exclu de la « succession pour cause d'indignité, est tenu de rendre « tous les fruits et revenus dont il a eu la jouissance « depuis l'ouverture de la succession. »

Que décider cependant quand la cause d'indignité est postérieure à l'ouverture de la succession. Cela peut arriver par exemple dans le cas où le *de cujus* étant mort assassiné, son héritier ne vient à découvrir le meurtre qu'un certain temps après l'ouverture de la succession et ne le dénonce pas? L'indigne devra-t-il rendre les fruits qu'il a perçus même avant qu'il n'ait connu le meurtre? C'est un point controversé. L'effet ne peut pas précéder sa cause, ni la punition frapper avant que la faute ne soit commise. De plus, ne serait-il pas profondément injuste de forcer l'indigne à rendre des fruits qu'il a consommés de bonne foi? Il se croyait propriétaire, « *lautius vixit.* » Pouvait-il à cette époque penser que ces fruits lui seraient demandés plus tard? Que les effets de l'indignité, une fois qu'elle est déclarée, remontent au jour où elle a été encourue; cela est équitable; mais comment admettre que l'indigne soit puni et obligé de rendre les fruits perçus alors même qu'il n'était pas coupable?

Il faut cependant adopter l'opinion contraire partagée par Demante. En effet on invoque, dans le système que nous venons d'exposer, la bonne foi de l'indigne qui a perçu et consommé sans penser qu'il pouvait être forcé de rendre. Qui donc l'oblige à restituer ces fruits? Lui-même, qui pouvait éviter cette fâcheuse nécessité en dénonçant le meurtre du *de cujus*. Il aurait alors rempli son devoir, et n'aurait pas été forcé de restituer les fruits par lui déjà consommés. De plus, la loi ne fait pas de distinction entre le cas où la cause d'indignité existait déjà au moment de l'ouverture de la succession, et celui où elle ne prend naissance que plus tard. C'est donc que, dans un cas comme dans l'autre, les fruits doivent être restitués à partir du moment de l'ouverture de la succession.

Autre question. L'indigne doit-il les intérêts de toutes les sommes provenant de l'actif héréditaire, du remboursement des capitaux ou des rentes, du prix des biens vendus, etc., à partir des époques où il les a touchés? MM. Duranton, Marcadé, Aubry et Rau sur Zachariæ tiennent pour l'affirmative. L'indigne, disent-ils, est considéré par la loi comme un possesseur de mauvaise foi ; or, d'après l'art. 1378 C. N., le possesseur de mauvaise foi est tenu de restituer les intérêts et les fruits du jour du paiement.

MM. Demante et Demolombe n'adoptent pas cette opinion. Suivant eux les intérêts ne sont dus que du jour de la demande, ou du jour où il est prouvé que l'indigne a fait emploi des capitaux. Ils invoquent l'art. 1153, d'après lequel les intérêts ne sont dus que du jour de la demande excepté dans le cas où la loi les fait courir de plein droit.

De plus l'art, 729 lui-même ne dit-il pas que l'indigne est tenu de rendre les fruits et les revenus dont il a eu *la jouissance*. L'intention du législateur est donc que l'indigne rende tous les fruits et revenus dont il a eu *la jouissance effective*, mais qu'il ne soit pas tenu de restituer ceux qu'il aurait pu percevoir ; mais qu'il n'a pas perçus.

Enfin l'art, 1378 qu'invoquent les partisans du système contraire n'a pas la signification qu'ils lui prêtent. Dans l'hypothèse de cet article, il s'agit d'un individu qui reçoit de mauvaise foi un capital qui ne lui appartient pas, et sur lequel il n'a aucun droit, Il est possesseur de mauvaise foi, cela est vrai ; mais ce qui fait qu'on ne saurait lui assimiler l'indigne dans l'espèce qui nous occupe, c'est que ce possesseur de mauvaise foi est mis en demeure par ce fait même qu'il doit rendre, dès qu'il l'a reçu, la somme qu'il savait avoir sans droit entre les mains. Nous tombons alors dans la règle de l'art. 1153, puisqu'il est en demeure. Ici l'indigne n'est pas mis en demeure parce qu'il touche le prix d'une vente qu'il a faite, il ne devra donc les intérêts de cette somme que du jour où il en aura tiré un profit quelconque.

Ce dernier système a pour lui les textes. Cependant il faut dire qu'il sera d'une application difficile, et qu'il sera bien souvent impossible de fixer le moment exact à partir duquel l'indigne doit l'intérêt, des capitaux. Rien ne l'oblige en effet à rendre compte de l'emploi des sommes qu'il a eues entre les mains. Il offre de rendre ce qu'il a reçu, mais il peut prétendre qu'il n'en a fait aucun emploi, qu'il n'en a tiré aucun revenu, et la preuve contraire sera bien difficile.

MM. Aubry et Rau sur Zachariæ invoquent en faveur du premier système une considération d'équité tirée de ce que l'indigne ayant le droit de réclamer les intérêts des sommes qu'il aurait déboursées pour acquitter les dettes de la succession, et cela du jour de ses avances, du moins lorsque les dettes par lui payées étaient échues, ou lorsqu'elles portaient elles-mêmes intérêt, il est logique qu'il doive aussi les intérêts à dater des paiements qu'il a reçus. M. Demolombe prétend que l'indigne n'aurait aucun droit à se faire rembourser ses impenses, et il se fonde sur ce qu'aucun texte ne l'autorise à les réclamer. Il réfute les art. 2001 et 1372 desquels on pourrait peut-être tirer argument. Mais il ne parle pas de l'art. 1381, qui me semble cependant être tout à fait en faveur de l'opinion de MM Aubry et Rau. Si tout à l'heure nous avons prétendu qu'on ne pouvait tirer argument de l'art. 1378, c'est que cet article vise le cas d'un possesseur de mauvaise foi en demeure, et que l'indigne n'est mis en demeure de restituer que par une demande. Mais l'art. 1381 s'applique très bien à notre hypothèse, et d'après lui, le possesseur de mauvaise foi doit être indemnisé de toutes les dépenses nécessaires et utiles qui ont été faites pour la conservation de la chose. Dans le cas qui nous occupe, l'indigne n'a-t-il pas conservé l'ensemble de biens qu'il doit restituer en payant les dettes échues ou qui portaient intérêt? En effet, en acquittant les dettes échues, il a empêché une saisie et des frais souvent considérables; en payant les dettes portant intérêt, il a empêché que les biens ne fussent absorbés par cette différence qui pouvait exister entre le rapport des biens immeubles, soit, par exemple, 2 p. 0|0, et l'intérêt des sommes dues soit, par exemple, 5 p.0|0.

Aussi suis-je d'avis qu'il ne faut pas essayer de réfuter l'argument présenté par MM. Aubry et Rau, et qu'il est préférable de dire qu'il est possible que l'indigne puisse se faire rembourser de ses impenses, puisqu'on peut tirer un argument d'analogie de l'art. 1381, et que les héritiers ne puissent exiger de l'indigne les intérêts des sommes qu'il a touchées, à partir du moment où elles lui ont été versées, puis, qu'aucun texte ne le décide. Cette réciprocité serait rationnelle et juste; mais elle n'existe pas, on ne saurait donc l'invoquer contre notre système.

La prescription de l'action pour le recouvrement des fruits et intérêts dus par l'indigne n'est accomplie qu'au bout de trente ans. Il n'y a pas lieu ici à la prescription quinquennale de l'art. 2278, car il n'y a pas deux obligations distinctes, l'une d'un capital, l'autre des intérêts; l'obligation est une, et embrasse à la fois le capital et les intérêts.

Il nous reste à examiner quelle sera la position de

l'indigne. dépossédé vis-à-vis des héritiers. Chez les Romains on dépouillait bien l'indigne des biens qu'il avait recueilli dans la succession, mais la qualité d'héritier lui restait ; De là un effet très important relatif à la confusion des actions que l'indigne avait contre la succession, les actions que le *de cujus* avait contre l'indigne s'étaient éteintes par confusion, et, l'indigne restant héritier malgré la déchéance dont il était frappé, la confusion n'en existait pas moins. Notre ancien droit n'admit pas cette conséquence de l'indignité et l'on disait : « Il n'y a que la propriété « incommutable qui produise une confusion pareil- « lement incommutable : » Dans notre droit actuel, les principes nous conduisent à dire que, puisqu'il y a résolution de la saisine à l'égard des héritiers, il y a également résolution de la confusion qui avait eu lieu entre les droits réciproques de l'indigne et de la succe-cession.

§ 3. *Conséquences de l'indignité déclarée vis-à-vis des tiers.*

Doit-on appliquer la théorie que nous venons d'établir, en étudiant les effets de la déclaration d'indignité relativement aux héritiers, aux effets de cette déclaration relatifs aux tiers ? Devra-t-on dire qu'il y a résolution de la saisine, et que par conséquent, vis-à-vis les tiers, l'indigne doit être considéré comme n'ayant jamais été héritier ? Au contraire devons-nous donner une décision différente, et dire que les actes faits par l'héritier jusqu'au moment où il est déclaré indigne seront maintenus?

C'est une question controversée. M. Demolombe prétend qu'il faut sous-entendre l'idée de mandat. La loi accorde à l'héritier indigne un pouvoir d'administration très-étendu; de sorte que tous les actes qui pourront rentrer dans cette catégorie ne seront pas rétroactivement annulés par la déclaration d'indignité. Ces actes en effet sont la conséquence de la possession interimaire, c'est-à-dire d'un fait que la résolution ne peut pas empêcher d'avoir existé. Il trouve la plus grande ressemblance entre la position de l'indigne, entre l'ouverture de la succession et la déclaration d'indignité et celle d'un héritier qui ne vient à une succession que parce que celui qui le précède est absent (art. 136. C. N.). Celui-là aussi est héritier; il est saisi tout aussi bien que l'indigne; mais le retour de l'absent opère la résolution de son titre, de même que le jugement qui déclare l'indignité, opère la résolution du titre de l'indigne. De là la théorie suivante:

Il faut distinguer entre les actes nécessaires et les actes volontaires.

1° *Actes nécessaires.* Il faudra les maintenir. Seront donc conservés les paiements faits de bonne foi par les débiteurs de la succession, les baux passés par l'indigne, les jugements rendus pour ou contre lui.

2° *Actes volontaires.* Une sous-distinction doit être

faite. Seront souls maintenus les actes qui rentrent dans la catégorie de ceux que peut faire un administrateur jouissant de pouvoirs très-étendus : tels que aliénations à titre onéreux, constitutions de charges réelles. Et encore faudra-t-il que les tiers acquéreurs ou autres n'aient aucune faute à se reprocher, ni même aucune négligence.

Dans ce système on n'annulerait que l'aliénation des droits successifs, les donations entre vifs et les legs de biens héréditaires.

Cette opinion me semble appuyée sur une idée très-ingénieuse, mais dont je ne trouve nulle part le fondement dans la loi. Comment admettre qu'un héritier, qui a tous les droits d'un propriétaire, au moment où il aliène, où il constitue des charges réelles, puisse, par suite de versements postérieurs, n'être considéré que comme ayant agi à titre de mandataire des héritiers auxquels il est obligé de rendre ce qu'il avait recueilli. L'héritier qui se trouve dans l'un des cas prévus par l'art. 727 a la saisine, il devient propriétaire, et il n'a pas besoin de cette idée de mandat pour justifier les aliénations qu'il consent.

Le plus grand nombre des auteurs admet la validité des actes faits par l'indigne avant le jugement de déclaration, à la condition toutefois que les tiers avec lesquels il aura traité, auront été de bonne foi. Dans ce cas, les héritiers qui auront fait prononcer l'indignité, et auxquels l'indigne devra restituer ce qu'il avait recueilli, n'auront contre lui qu'une action personnelle pour le contraindre à rendre la valeur des biens par lui aliénés.

Disons cependant que dans cette opinion il faut aussi faire une distinction ; car si tous les auteurs qui la partagent sont unanimes pour valider les aliénations à titre onéreux faites par l'indigne avant le jugement de déclaration, il y a au contraire dissentiment à propos des aliénations à titre gratuit. Examinons donc d'abord la question au point de vue des aliénations à titre onéreux.

1° La question de savoir quel est le sort des accusations consenties par l'indigne, n'est pas la même que celle qui consiste à savoir si l'on doit maintenir les actes faits par un héritier apparent. En effet, qu'est-ce qu'un héritier apparent ? C'est celui qui passe pour l'héritier du défunt, et qui cependant est plus tard évincé par un héritier d'un degré plus proche. L'héritier apparent n'a jamais eu la saisine, l'héritier plus proche seul a été saisi. L'indigne, au contraire, a la saisine. Il suit de là que l'un est propriétaire et que l'autre ne l'est pas. On ne peut donc pas assimiler exactement les deux cas.

2° D'ailleurs, c'est précisément sur cette idée que l'indigne est propriétaire que repose notre système, et c'est en vain qu'on prétend que son droit venant à être résolu, les aliénations par lui consenties doivent avoir le même sort, et qu'on invoque la maxime : « Resoluto ure dantis, resolvitur jus accipientis. » En effet, cette résolution le frappe à titre de peine, elle ne doit frap-

per que lui. C'est encore ici une application du principe de la personnalité des peines. Les tiers que nous
avons supposés de bonne foi, ne peuvent pas être
punis d'une faute qu'ils n'ont pas commise.

3° Et quelle ne serait pas l'injustice du système
contraire dans le cas où l'indigne n'ayant connu le
meurtre du défunt que postérieurement à l'ouverture
de la succession ne l'a pas dénoncé ! Des tiers ont
traité avec lui entre le moment de l'ouverture de la
succession et le moment où l'héritier a connu le
meurtre ; rien ne pouvait faire présager alors que
l'héritier deviendrait coupable. Il avait à cet instant
une propriété incommutable, qui n'a cessé de l'être
que par un fait postérieur, mais qui, au moment dont
nous nous occupons était pleine et entière. On ne
peut même reprocher au tiers contractant, ni négligence, ni imprudence ; ce qu'il a fait, le père de famille
le plus diligent l'eût fait à sa place : Admettrons-nous
que dans ces conditions, le tiers ayant acquis sur une
chose qu'il a achetée, par exemple, une propriété
qui a le même caractère que celle de l'héritier, puisse
en être dépouillé par un acte postérieur de ce dernier,
auquel il est complètement étranger ? L'injustice d'un
pareil résultat est la condamnation du système de
M. Demolombe.

4° Enfin, on peut tirer un argument d'une matière
qui a beaucoup d'analogie avec l'indignité ; je veux
parler de la révocation des donations pour cause d'ingratitude. L'art. 958 est ainsi conçu : « La révocation

pour cause d'ingratitude ne préjudiciera ni aux aliénations faites par le donataire, ni aux hypothèques et
autres charges réelles qu'il aura pu imposer sur l'objet de la donation.... etc. » Cette décision de la loi
doit s'appliquer au cas qui nous occupe, il y a en
effet même raison de décider. L'indignité, comme la
révocation de la donation est une peine; et le législateur, à propos seulement de la révocation des donations, a rejeté l'effet de cette peine relativement aux
tiers : on pourrait dire qu'il existe pour tous les cas
semblables un principe dont l'art. 958 n'est que l'application. Décidons donc que, de même que la révocation des donations laisse subsister les droits acquis
par les tiers, de même la déclaration d'indignité ne
fera pas tomber les aliénations et les constitutions de
droits réels consenties par l'indigne.

Mais, dira-t-on, la loi en s'expliquant à propos de
la révocation des donations, et en gardant le silence
à l'égard des effets de l'indignité n'a-t-elle pas voulu
montrer qu'elle n'assimilait pas un cas à l'autre ? Ne
pourrait-on pas tirer de là un argument *a contrario,*
puisque les deux espèces sont semblables ? Je ne le
pense pas. D'abord il faut remarquer que le législateur
a donné bien peu de développements à la matière de
l'indignité. On est obligé de suppléer à un grand
nombre de dispositions que le chapitre II ne contient
pas. Il semble que par là même le législateur a voulu
pour les points sur lesquels il ne s'est pas expliqué se
référer aux décisions qu'il a données dans des cas analogues.

D'ailleurs puis, qu'on invoque un argument *a con-trario*, nous pouvons en tirer un de cette circonstance que la loi prononce la résolution rétroactive à l'égard des héritiers. En effet, puisqu'il n'étend pas cette dis-position aux tiers, c'est que la déclaration d'indignité ne nuit pas au tiers et qu'elle leur laisse les droits qu'ils avaient acquis du chef de l'héritier indigne avant le jugement qui la prononce.

Nous avons jusqu'à présent raisonné dans l'hypo-thèse de droits acquis à titre onéreux. Devons-nous étendre ce que nous venons de dire aux aliénations à titre gratuit ? Je le pense. Il est vrai que quelques auteurs ont prétendu qu'il fallait révoquer les dona-tions, car le donataire *certat de lucro captando ;* cela est vrai, mais n'est-ce pas là aussi le cas de l'héritier subséquent qui fait prononcer l'indignité de celui qui le précède ? et « *in pari* causa melior est causa possi-dentis. » Aussi disons-nous avec Demante : « aussi ne distinguerai-je point ici, comme je le fais à l'égard de l'héritier apparent, entre les aliénations à titre gra-tuit et les aliénations à titre onéreux, ni d'avantage entre l'aliénation des droits successifs, et celle des objets héréditaires. » (T. III, n° 38 bis, IV).

DIFFÉRENCES ENTRE L'INDIGNITÉ ET L'INCAPACITÉ.

La loi au chapitre II du titre des successions, vou-lant faire connaître quelles sont les qualités requises pour succéder, procède par exclusion. Tout le monde peut succéder, excepté deux classes de personnes : les incapables et les indignes. Qu'est ce que l'incapacité? C'est l'absence des qualités requises pour succéder. Qu'est-ce que l'indignité ? C'est une déchéance qui frappe l'héritier coupable envers le défunt soit d'un crime, soit d'une offense grave, dans les trois cas prévus par l'art. 727. Il suit de là que l'incapable ne peut jamais être héritier, il n'existe pas, il n'a pas la saisine. L'indigne au contraire succède, mais il est privé du bénéfice que son titre lui avait procuré. Comme dit Cujas : « Indignus igitur est, qui cepit quidem, sed retinere non potest. » L'indigne a la saisine. Voilà une première différence de laquelle il va en découler d'autres.

D'abord l'incapacité a lieu de plein droit, et nous avons vu que l'indignité devait être déclarée par un jugement. L'incapacité a lieu de plein droit, cela va de soi ; car si l'incapable possède une chose de la succession, comme il n'a aucun droit sur la chose qu'il possède, il devra succomber dans une instance en pétition d'hérédité une fois qu'on aura démontré son incapacité. Il ne possède pas, et demande une chose de la succession qui se trouve entre les mains de l'héritier, celui-ci le repoussera jusqu'à ce qu'il ait prouvé qu'il a des droits à la succession, et il ne pourra pas le faire, puisqu'il est incapable.

L'incapable n'ayant aucun droit sur les biens de la succession, s'il en détient, il suit de là que son incapaité pourra lui être opposée par toute personne qui y

aura intérêt, soit par un héritier, soit par les créanciers de l'héritier en vertu de l'art. 1166, même par
les débiteurs héréditaires. C'est d'ailleurs ce qui a été
jugé par la cour de Nimes, le 16 janvier 1850. Cet arrêt décidait aussi que bien que les héritiers consen-
tissent à regarder l'incapable comme un héritier, les
personnes que nous venons d'énumérer ne perdaient
pas pour cela le droit de lui opposer son incapacité.
Nous avons vu qu'au contraire le nombre des personnes qui peuvent faire déclarer l'indignité est très-
restreint, ce sont les cohéritiers de l'indigne ou les
héritiers du degré subséquent, les donataires et légataires, si l'indigne est héritier à réserve et qu'ils y
aient intérêt; nous avons même refusé ce droit aux
créanciers des cohéritiers et des héritiers du degré
subséquent.

Enfin si un incapable s'est mis en possession d'une
succession, et, que son incapacité vienne à être reconnue, les droits qu'il aura consentis à des tiers seront
résolus et seront considérés comme n'ayant jamais
existé, puisqu'ils ont été concédés *a non domino*, par
une personne qui, ne les ayant pas, ne pouvait pas
les transmettre.

DIFFÉRENCES ENTRE L'INDIGNITÉ ET LA RÉVOCATION
DES DONATIONS POUR CAUSE D'INGRATITUDE.

Nous avons, dans le cours de cette étude, tiré
quelques arguments d'analogie d'une matière qui offre
avec celle de l'indignité une grande ressemblance.

Il y a cependant quelques différences qui les séparent.

Il y a lieu à la révocation des donations dans trois cas : 1° Le donataire a attenté à la vie du donateur ; 2° Il s'est rendu coupable envers lui de sévices, délits ou injures graves ; 3° Il lui a refusé des aliments. (Art. 955. C. N.). La première seule de ces causes de révocation serait en même temps une cause d'indignité ; encore faudrait-il que le coupable ait été *condamné* pour son crime. Pour les deux autres, elles ne seraient pas suffisantes pour autoriser une demande en déclaration d'indignité. Au contraire, nos trois causes d'indignité pourraient entraîner la révocation des donations. Les auteurs ne sont cependant pas d'accord, à propos du troisième cas d'indignité. En tout cas, la négligence du donataire à révéler le meurtre du donateur, s'il l'a connu, pourrait être considérée comme une injure à sa mémoire.

Il y a encore d'autres différences que nous allons énumérer sommairement :

Toute personne qui a intérêt peut faire déclarer l'indignité de l'héritier, pourvu toutefois qu'elle agisse en son nom, le donateur, au contraire, et dans un seul cas, ses héritiers, peuvent demander la révocation d'une donation ; ce cas, c'est celui dans lequel le donateur a intenté l'action ou est mort dans l'année du délit. (957, C. N.).

L'indigne doit rendre tous les fruits qu'il a perçus dès le moment de l'ouverture de la succession ; l'ingrat seulement dès l'instant de la demande.

L'indignité ne saurait être effacée par le pardon du. défunt. Au contraire, le pardon du donateur est un obstacle à la révocation pour cause d'ingratitude. Cette différence se comprend facilement. L'ingrat tient les biens qui composent la donation de la volonté du donateur seul ; celui-ci peut donc renoncer au droit qui s'ouvre en sa faveur de demander la révocation de la donation. L'indigne, au contraire, tient les biens de la vocation de la loi, et, si une disposition de cette loi les lui enlève, la volonté du défunt ne peut être un obstacle à ce qu'elle reçoive son exécution.

Rappelons enfin les décisions relatives à la révocation des donations pour cause d'ingratitude qui s'appliquent à l'indignité.

Nous avons décidé que l'indignité n'était jamais encourue de plein droit, et qu'il fallait au contraire qu'elle fût déclarée par un tribunal. Il en est de même en cas de révocation pour cause d'ingratitude (950, Code Napoléon.)

L'indignité, comme la révocation des donations pour cause d'ingratitude est une peine ; ces déchéances ne peuvent donc pas être demandées contre les héritiers, ni de l'indigne, ni du donataire.

Enfin les effets sont les mêmes à l'égard des tiers. Car nous avons appliqué l'art. 958 aux aliénations consenties par l'indigne.

Disons en terminant, que les causes qui entraînent la révocation des donations pour ingratitude, sont beaucoup moins graves que celles que peuvent motiver une déclaration d'indignité. Cela se comprend facilement. En effet : de qui le donataire tient-il son droit ? de la volonté seule du donateur. De qui l'indigne tient-il son droit ? de la vocation que la loi a établie en sa faveur. La volonté du défunt n'y a été pour rien et comme je l'ai déja dit : la volonté du testateur n'agit ici que comme élément négatif. L'indigne succède, parce que le défunt n'a pas rendu son titre illusoire en disposant de ses biens au profit d'un tiers. Et si l'indigne est héritier réservataire, ce raisonnement même n'est plus possible, puisque dans ce cas l'héritier tient sa vocation de la loi seule et que le défunt n'avait à sa disposition aucun moyen de le priver du bénéfice qu'elle lui assure. Il résulte que ce que nous venons de dire que le donataire doit au donateur une reconnaissance plus grande, que l'héritier au *de cujus*.

On peut encore faire valoir cette raison que le donateur n'a pas d'autre moyen de reprendre ce qu'il a donné au donataire ingrat, au contraire le parent peut avant de mourir enlever par un testament le bénéfice de son titre à l'héritier qui l'a offensé, sauf cependant le cas où l'héritier est réservataire.

POSITIONS

DROIT ROMAIN

I. A l'origine, on suivait pour l'attribution et la dévolution des *bona ereptitia* le même ordre que pour les *caduca*.

II. Il faut, pour expliquer la décision du § 3 de la L. 9, *de his quæ ut indig.*, dire que le cas d'indignité prévu, c'est celui où le légataire aura, après la mort du testateur, intenté une contestation d'état.

III. Dans l'explication du § 1 de la L. 16, *de his quæ ut indig.*, il faut adopter l'interprétation de Cujas, c'est-à-dire, ajouter *fecisse*, et lire *quæstum*, au lieu de *quæsitum*.

IV. Quand même le légataire aurait reçu son legs, il peut encore être admis à prétendre que le testament est *non jure factum*.

V. C'est sous le règne d'Auguste qu'il faut placer la date à laquelle le S. C. Silanien a été rendu.

VI. Le testament entaché de dol ou de violence est cependant valable.

VII. Bien que le testateur ait eu avant de

mourir le temps de révoquer les dispositions qu'il avait faites en faveur de son meurtrier, son inaction dans ce cas n'empêche pas celui-ci d'encourir l'indignité.

VIII. Les espèces prévues par la L. 4, *de his quæ in test. delent.* et L. 1, § 8, *si tabulæ test. nullæ exstab.* ne sont pas les mêmes que celle que contient la L. 12, *de his quæ ut indig.*

IX. La décision donnée par la L. 25, code, *de legatis,* doit être étendue au cas où le testament aurait été totalement supprimé, de telle manière qu'on ne l'ai jamais retrouvé.

X. Dans l'explication de la loi 9, *de jure fisci,* il faut adopter l'opinion de Cujas, et dire que c'est le posthume que Mævia est accusée d'avoir empoisonné.

DROIT FRANÇAIS

I. Le meurtre excusable est une cause d'indignité.

II. Les mots *peine capitale* de l'art. 727 2° doivent s'entendre d'une accusation de nature à entraîner la peine de mort.

III. L'héritier mineur lors du meurtre du *de cujus* doit, lors de sa majorité, et cela sous peine d'indignité, faire la dénonciation dont il est parlé dans l'art. 727 3°.

IV. L'indignité n'est pas encourue de plein droit.

V. L'action en déclaration d'indignité ne peut pas être exercée par les créanciers de ceux à qui elle appartient.

VI. Les héritiers du degré subséquent ne peuvent forcer l'héritier à qui appartient l'action en indignité de l'exercer ou d'y renoncer.

VII. Les enfants du coupable prédécédé venant par représentation ne sont pas exclus.

VIII. L'indignité ne peut pas être prononcée contre les héritiers du coupable.

IX. L'indigne doit rendre tous les fruits qu'il a perçus depuis l'ouverture de la succession, même dans le cas où la cause d'indignité serait postérieure.

X. Il ne doit les intérêts qu'il a laissés improductifs que du jour de la demande.

XI. Les actes faits par l'héritier avant la déclaration d'indignité doivent être maintenus.

DROIT CRIMINEL

I. Le coutumace peut renoncer au bénéfice de l'art. 476, Code d'inst. crim., et, dans le cas où il aurait été condamné à des peines correctionnelles, acquiescer au jugement prononcé contre lui, et en réclamer l'exécution.

II. Le pardon du mari, intervenant après que le jugement qui condamne sa femme comme coupable d'adultère est devenu définitif, profite au complice qui n'est pas sous le coup d'une condamnation définitive.

HISTOIRE DU DROIT

I. C'est dans les communautés *taisibles* qu'il faut chercher l'origine de la communauté de biens entre époux.

II. L'origine des fiefs se place dans la clientèle militaire des Germains.

PROCÉDURE CIVILE

Il faut avoir la possession annale pour pouvoir intenter la réintégrande.

DROIT DES GENS

Les créanciers des agents diplomatiques peuvent poursuivre le paiement de ce qui leur est dû sur leurs immeubles et sur les fruits et revenus de ces immeubles.

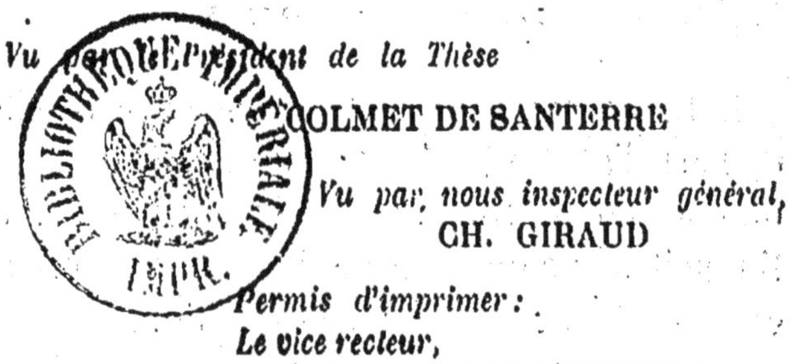

Vu par le Président de la Thèse

COLMET DE SANTERRE

Vu par nous inspecteur général,
CH. GIRAUD

Permis d'imprimer :
Le vice recteur,

A. MOURIER.

Abbeville, imp, P. Briez.